成為他人重視的朋友

——現代友誼指南——

在複雜的世界中維繫最珍貴的緣分

安娜・戈德法布 著
Anna Goldfarb
謝汝萱 譯

Modern Friendship

How to Nurture Our Most Valued Connections

獻給我爸

目次

前言

二〇一七年，我為了深入了解身邊的人際動態，學會如何安慰那些生活及問題日益複雜的友人們，開始撰寫以友誼為主題的報導，卻發現令人詫異的嚴峻真相。根據近年的一份蓋洛普調查，這顆星球上有三百多萬人連一個朋友也沒有。[1]

身為記者，我為《紐約時報》（*New York Times*）、《大西洋》（*The Atlantic*）雜誌、剪裁網站（The Cut）、《時代》（*TIME*）雜誌等媒體，寫過數百篇關於人際關係、溝通與相互支持的文章。其中的故事充滿驚奇，出乎意料地教會了我許多事，並使我與數百萬名讀者產生連結，這證明了人們對此類知識確實有所渴求。不論是想與洛杉磯的已婚朋友保持往來的舊金山單身女性，還是剛與未婚妻搬到新社區、不清楚如何結交新朋友的男子，在碰到友誼與人際關係的問題時，人們似乎往往會出現「發生了什麼事？我要如何因應？」的反應。其實，成人階段的友誼起起落落、物換星移，是再自然不過的事。儘管這是常態，大多數人仍感到措手不及。

但事實不僅如此。二〇一六年的一份報告顯示，人到了二十五歲以後，社交圈便會自然縮小。[2]另一項由社會學家傑拉德·莫蘭霍斯特（Gerald Mollenhorst）主持的研究顯示，我們的密友有一半平均每七年就會更換一次。[3]**我們的半數密友，每七年就會更換一次。**抱歉，我特別強調這一點，雖然這聽起來實在刺耳。

不過，目睹我父親想與他思念的一位童年好友恢復聯繫的忐忑不安後，我領悟到揭開成人友誼的神話面紗，是一件意義更重大、更要緊的事。了解我們為何選擇那些朋友，而他們又為何選擇與我們為友，我們才能為友誼提供最佳機會，使其蛻變為美好、生動、蓬勃成長的善緣。這些緣分是我們的遺產。我們就是以此在世上留下恆久的印記。

二〇二〇年六月，我開車去探訪父母。從我所在的費城，經過貝齊羅斯大橋（Betsy Ross Bridge）到位於紐澤西州南部的父母家，路途並不遠。我父親拉了一把椅子到後陽臺，和我一起面對豔陽坐著。剛剪過的郊區草皮，散發著誘人的新鮮青草香。由於在新冠肺炎疫情早期還沒有疫苗，我減少了探訪父母的次數，而且永遠都只待在屋外。

當時，我才剛為《紐約時報》寫了一篇如何在封城期間主動與久違的友人聯繫的文章。我的想法是，如果友誼中隱含著幾分緊張或衝突，在冷不防地寄電子郵件給他們之前，你可能要三思一下。

正是這篇文章，揭開了我父親靈魂中的一道舊傷疤。

「讀過妳的文章後，我就常想到馬帝。」他說道。我父親無法確切回憶自己是從何時開始不再與兒時以來的好友馬帝聯絡。他百思不得其解，那無從解釋的多年斷訊困擾著他。

從網路找出某人的聯絡資料是我的一大專長，我花了五分鐘就找到馬帝的資料。我把馬帝的電子信箱傳給我父親，甚至為他提供了一套說詞：「馬帝，我一直惦念著你，很想恢復往日友誼。

星期二或三你有空接電話嗎？」

這個訊息簡短而美好。我的目的是讓馬帝能輕鬆地答應接電話，畢竟他們已經超過十五年沒說任何一句話了。我在記者生涯中解決的友誼問題還不少，但我的所知能夠對父親派上用場，這倒是第一次。他請我幫忙，實在令我受寵若驚。我私心希望他們能圓滿地重歸舊好。我父親很少針對自己的人際問題來請我幫忙，所以能為他彌補這份缺憾，讓我感覺自己也能成為他的英雄。

我每隔幾週就去追問他：「你聯絡馬帝了沒？」可惜毫無進展。我父親一直沒去聯絡他，因為他不知如何解釋自己這麼久沒聯絡的原因。如果馬帝忽視他的信怎麼辦？如果他對我父親捨棄這段友誼而感到氣憤，怎麼辦？因為對結果沒有把握，而且擔心被拒絕，所以他猶豫不前。

他們兩人終究沒有恢復聯絡。我父親在我們這段談話的六個月後過世。過了聖誕節，還不到新年，我父親的髖關節嚴重感染。出院五天後，他又檢測出新冠肺炎陽性。他的身體為抵抗病毒而變得虛弱不堪，終至無力支撐下去。

二〇二一年一月的一個爽颯週日，我妹在清晨五點喚醒我，通知我情況危急。我父親正要從持續性正壓呼吸器（CPAP）改為使用呼吸機。她要我用視訊軟體與他通話，但其實就是向他道別。我無法理解為何我們剛好都不在他身邊。

我透過螢幕反覆告訴他：「休息吧，讓身體好好休養。」「我愛你，爸。」在呼吸機的隆隆聲中，他無法回答，所以他舉起大拇指，讓我知道他聽到了。

結束通話後，我傳簡訊給他：「我好愛你。謝謝你的每次犧牲。世上再也沒有比你更好的爸爸了。」我不清楚他是否讀到了這封簡訊。

隔天早上，陽光變得強烈，而他的心臟——我在全宇宙中最喜歡的心臟，每次他擁我入懷，就會感受到那強力的搏動——停止了跳動。

所有關於我父親過世的事，都令人難以想像。我父親是我所認識最傻氣、最聰明、最友善的人，就像有些人蒐集絨毛玩具一樣地交遊廣闊，但他的葬禮卻僅有四個人出席：我、我妹、我丈夫、我母親。當時，新冠肺炎的疫苗還要幾週才會問世，他的四個孫子都未能出席葬禮。我那位在波士頓的姊姊，在丈夫與女兒的陪伴下，從線上觀看我們拍下的影像：父親的棺木被放進寒冷的墓穴。我們安葬了父親，然後各自帶著破碎的心孤零零地返家。

我們家所陷入的危機模式，正是當時全世界陷入的危機模式。我們找不到溫柔的避風港。我父親過世所帶來的傷痛並不真實。在悲傷與震驚的迷霧中，我的心又回到馬帝身上。

葬禮舉行後的隔天，我透過領英網站（LinkedIn）聯絡馬帝的兒子，請他幫我聯繫他父親。四十五分鐘後，我就聯絡上了我父親失聯已久的好友。

馬帝似乎很高興我聯絡他：「哈囉，安娜！」

「您現在方便談話嗎？」我問他，心裡訝異自己竟然能保持鎮定。「您在安靜無人的地方嗎？您坐著嗎？」他連連說是。

「噢，馬帝。」我的聲音顫抖，哽住了喉頭。「我父親在兩天前過世了。」

他倒抽一口氣。

「去年夏天，我父親本來想要跟你聯絡。」我告訴他說：「我們仔細談過，他實在很想與你恢復聯繫，只是……」

「這不是他的錯。」馬帝說：「我也有責任。我主動聯絡他，就跟他主動聯絡我一樣容易。」

在我完整告知我父親過世的消息後，馬帝分享了幾個我父親在皇后區長大的有趣小故事，例如，他們是如何在高中一起踢足球賽，又如何穿著沾滿泥巴的運動鞋進我祖母家，惹惱了她等等。馬帝含淚謝謝我跟他聯絡。我邀請他參加當晚的坐七（shiva）守喪儀式。在眾多的臉孔與名字中見到馬帝現身悼念，讓我感覺很安慰，就像一件掛在心頭的事終於了結。

我送給馬帝一份禮物，讓他確實知道我父親很重視他，還有他們的友誼。如果我闔上眼睛，似乎便能看到我父親對我說「謝謝」。

那次聯絡馬帝的經驗，使我意會到撰寫這本書的必要性。我不認為我父親一生中有很多遺憾，但與相識最久的老友有這樣的隔閡，令他耿耿於懷。事情原本不必如此。我不希望任何人在這類唯恐遭拒的忐忑心情下猶豫不前，尤其當事情關乎友誼這類基本需要時。

我書寫友誼的不同面向已經有很多年，但在本書中，我想把計畫擴大成一本手冊，讓你無須反覆揣測，或勸自己不要去聯絡那些對你的人生意義重大的人。

你們的友誼很珍貴、很重要，對雙方而言意義匪淺。所以，讓我們來了解、培養及運用其不可思議的力量吧！沒錯，知道自己有可以依靠的人，感覺很棒；他們對你的人生不可或缺。但知道朋友們也欣賞你的內在美與鮮明人格，那種感覺更是美妙。當人生走到盡頭，我們回顧來時路時，對自己與朋友的可貴將更有信心。

我不是什麼人生導師或心理學家，更不是健康大師。我是個記者，有一部分工作是與專家、學者、研究者談話，觀察人們在現代友誼中缺少了什麼。在本書中，我會分享自己學到了什麼，以及如何運用在自己的生活中。

或許有人會單憑我寫下這本書，便認定我是當朋友的好榜樣、超級巨星，但醜話說在先，我不是個完美的朋友。別的不說，我還是常給朋友沒什麼用的建議。事實上，上週才發生了如下的對話：

我的友人因為總是要洗大量衣物而疲憊不堪。

我：妳有沒有想過花錢來解決這個問題？也許可以雇人來幫妳洗衣服？

友人：（語帶諷刺）天吶，我還真沒想到過耶，安娜。現在我知道了，我馬上就可以找回平衡，解決這件麻煩事了。

我：噢，抱歉！我講話這麼不經大腦，表現得好像我比妳更知道問題出在哪裡，聽起來很討人厭吧。

友人：（語氣放軟）沒關係。也許我可以請幻想中的個人祕書，替我雇個人來洗衣服。找一整個團隊來負責洗衣服好了。這聽起來像是很有效率的答案。

我：（充滿同情）讓我再試一遍吧。洗衣服真的很煩人。如果妳願意，我很樂意晚一點到妳家，幫妳摺衣服。

我總算挽回顏面了。

我得清楚說明，我無法保證本書能讓你成為完美的朋友。但我能教你如何成為一個更好的朋友、更冷靜的朋友、更有自信且可靠的朋友。如此一來，當我們在朋友面前說錯話、做錯事時（百分之百有可能發生），才更懂得如何運用學到的技巧來迅速修正，以打造更穩固的友誼基礎。

現代友誼並不像某個廣告呈現的那樣，女性密友們穿著喀什米爾斗篷，相約喝夏多內白酒，反而是關於朋友沒回覆你邀請他這週吃飯的訊息時，在你心裡引發的萬千揣測。

現代友誼是關於你有一些密友，但你們分隔兩地，而你不清楚你們何時會再相見的那種痛苦。它是關於你很清楚為何有些友誼感覺能持續一輩子，有些卻像是令人不快的工作，讓你只想靜靜退出。

友誼有多種樣貌和濃淡，而且時時演化。本書將協助你訂出合理且實際的期待，並定期檢視及分析這些變化。

在第一部中，我會教各位了解為何你會擁有目前的朋友，接著協助你辨認在你們的緣分中，你可以掌控和無法掌控的部分為何。如果你與某個朋友相處時感覺詭譎不安，那確實是有什麼不對勁。那不是你的想像；友誼的規範正迅速改變，而且要弄懂的事著實不少。我們的父母與祖父母在我們這個年紀時，並沒有社群媒體或智慧手機。如果朋友遠走他鄉，他們無法使用社群媒體查看他是否安好、與哪些人往來。仔細想想，現代人建立的友誼確實有點瘋狂（而且絕非正常）。

在第二部中，我會教各位了解如何成為更好的朋友，給予你最珍視的友誼蓬勃發展的最佳機會，讓你知道如何成為朋友想要聯繫的人、如何享受你們的相處時光。

在第三部中，我會分享從忙碌的生活中挪出時間來培養友誼的實用訣竅、練習、提醒與建議。人們會變得忙碌，朋友也會忙碌，寵物會生病，工作壓力會變大。當我們日常生活的行程變得很滿時，朋友便只能退居次要地位。但你仍能略施小計，定期與你所選擇的小圈子維持感情。

在繁忙、壓力大又一團混亂的世界中身為成人，比一邊用蹦蹦床彈跳、一邊用鑷子拔眉毛還要難。成人友誼弔詭的地方就在於，當我們覺得自己無力維持友誼的同時，卻也正是我們最需要朋友的時刻。

讀到書末，各位就會成為一具友情發電機了！過去，你總擔心自己是不是他人的好朋友，但這種憂慮將被自信取代，你會明白自己是很棒的朋友，對成人友誼懷有務實的期待與信心。你將有能力指出誰是你小圈子的一員，並以具體的行動計畫，讓現存的友誼生生不息。

本書所談到的一切內容，均適用於任何性別身分。我也更改了書中數十名人物的姓名，以保護其隱私。你可能會察覺到，對於本書收錄的軼聞趣事，我沒有多談個人細節，因為重要的是該體驗的真實性與敏感性。我希望這些故事能為我們的交流增加深度和豐富度。

請多思考書中的練習，稍微改變你的言行與思維，永遠敞開心胸去改善，並在過程中享受一下樂趣。

在安葬我父親的三個月後，我們必須設計墓石上的碑文。墓園的那位好心女士詢問我們家要寫哪些字，但我們沒人寫過碑文。秉持記者精神，我本能地想搜尋妥貼的用詞。隔週，我到我父親的墓地去四處觀察。別人的碑文用字似乎都很正式：父親、母親、祖父、祖母。字句長又一絲不笱。

嗯，我想，我永遠不會稱呼我父親為「父親」。他在給孫子的生日卡片上總是自稱「爺」，從不稱呼自己「祖父」。在我對墓園（無疑是非科學性）的調查中，我沒看過有哪個碑文將死者稱為「朋友」。

我父親對很多人來說代表了很多角色：愛貓的衝浪客、科學家與教授、國際特殊奧運會的志願裁判。他不會選用的乏味稱謂來稱呼自己，這感覺不太對。我想用我們在他生前所使用的字詞來描述他。於是，我想到要這麼寫：

慈愛的丈夫、老爸、爺和朋友

「這是碑文。」我告訴我母親和姊妹們說：「我想要這樣寫。」她們同意了，我們就刻上這些字。那就是我父親對我們的意義，那就是世人眼中的他。希望我父親對這碑文還算滿意。

新冠肺炎疫情剛結束，我們的社交生活仍一團混亂。此時正是思考以前的策略哪些有效、哪些無效、要如何加強心愛友誼的最佳時機。現在就去找你所能找到的最了不起的人，成為他們的朋友吧。

第1部

哪些人對我們很重要？

一九三六年的夏季奧運期間，男子撐竿跳比賽出現了三名選手並列第二的情況。大會決定讓他們再跳一次，以決定誰是銀牌與銅牌得主。[1] 第一位選手是美國人比爾・塞夫頓（Bill Sefton），他失敗了，沒跳出好成績，遭到淘汰。於是，機會留給了兩名日本選手：西田修平與大江季雄，這兩人是好朋友。令眾人驚訝的是，他們拒絕互爭高下，反而選擇了分享榮耀。

經過漫長的討論後，日本官方決定根據之前的跳高結果，將銀牌頒給西田修平，將銅牌頒給大江季雄。但他們並不關心官方的決議。在他們回到日本後，事情出現了另一個令人詫異的轉折。這兩位選手分別將獎牌切成兩半，與另一人的獎牌熔在一起，於是兩人都得到了半銅半銀的獎牌，並將這個像黑白餅乾的獎牌稱為「友誼獎牌」。

把奧運獎牌切成兩半，熔合成另一個奧運金牌，這作風也太龐克搖滾了吧？真有他們的！他們的友誼聽起來是如此純潔而質樸，對兩人來說，友情顯然比運動成就獲得的認可更加重要。這聽起來很像一則童話故事，就像是影集《歡樂滿屋》（*Full House*，譯註：一九八〇年代的美國情境喜劇，描寫一名男子喪偶後育兒的趣事）中，主角丹尼（Danny）在大女兒唐娜・喬（Donna

Jo，簡稱DJ）與密友金米（Kimmy）吵架後，會坐在她床邊告訴她的故事。

聽到這則友誼萬歲的故事，讓我的內心不禁生出幾分嫉妒。這和我今日的友誼似乎南轅北轍。我連見朋友的時間都沒有，更別提有什麼機會拿著電焊槍擺出帥氣的紀念性姿勢了。我們就連要約在某時某地喝一杯濃得化不開的咖啡，都是一大挑戰。我大多數的密友中，有些搬到其他鄉鎮或本國的另一端，有些則擔負配偶、父母、伯母、叔叔或其他照顧者等新角色，因而在情感上漸行漸遠。你在生活中扮演的角色愈多，餘暇就愈稀少。我朋友的行程大多已經排得滿滿的，我得要與他們的工作、重要的另一半、孩子、寵物、買雜貨、洗衣服與其他計畫搶時間，才能擁有一點老派的相見好時光。

就算真的聯繫上朋友了，有時也是千頭萬緒，不知從何說起。你的工作如何？家庭如何？你對那住在更美好的溫暖世界中的《真實家庭主婦》（*The Real Housewives*，譯註：美國真人秀系列節目，記錄住在不同城市的富裕人妻的生活）新一季的節目，有什麼看法？

我們面對面或在電話上的交談都卡卡的，有一搭沒一搭。我緊張得不得了：難道她想談談她最近被診斷出自閉症的孩子嗎？我是不是對人家的婚姻管太多了？她第N次埋怨丈夫時，我該如何回應？我這樣沒完沒了地批評爛老闆，她是不是覺得很煩？

我也曾主動探問過：「嘿，女孩！我才剛想到妳耶。」

我還傳過簡訊：「我想念妳的臉。拜託我們找一天見面吧？」

然後我時時檢查有無回音。

我感覺自己像個想偷闖入境的討厭鬼：「你看見我的訊息了嗎？我只是想確定那沒有被當成垃圾郵件。」

我為他們的已讀不回找藉口：也許他們的工作忙不過來；也許學校課業太重；也許他們又陷入憂鬱期。也許，也許，也許。

我給朋友們在社群媒體貼文中的搖搖晃晃的傻萌孩子和毛茸茸的寵物按讚，並回文稱讚他們在昏暗燈光下拍攝的剛出爐酸種麵包，以及按照爆紅的抖音食譜烹煮的烤起司義大利麵：「看起來很可口！」

但這些都無法讓我覺得自己是在與摯友真實互動，有時，我甚至感覺自己沒什麼摯友了。

艾瑪的經驗

艾瑪告訴我，她每年生日都會從社群媒體收到數百則訊息，但當她母親出車禍時，她卻不知道要傳訊息給誰。她說：「我就是覺得，我們的交情似乎還不夠深到我能拿個人問題來煩他們。」那層體會令她心頭一震，因為就連認識她最深的朋友，也無法在她需要時伸出援手。

明知道自己有密友，卻同時感覺沒有任何好友；這種詭異矛盾的感覺，你我都很熟悉。這也說明了現代友誼的整個癥結所在。在西方社會中，大多數人都能任意選擇與各種性別、種族、階級背景的人為友。多虧了琳瑯滿目又不必花錢的交流工具，我們交朋友不再像過去的老祖宗那麼受到時間與地點的限制。但這種選擇所換來的是，我們的朋友圈也比過去更複雜。他們彼此間差異甚大：你有學校的朋友、職場的朋友、擁有共同嗜好與熱情的朋友。他們只與你有同樣的過去或共通點，但他們彼此之間並不相識。

作家暨散文家威廉·德雷西維茲（William Deresiewicz）在《高等教育紀事報》（*The Chronicle for Higher Education*）中指出，現代人相信平等、個人主義、個人選擇、自我表達與自由，人與人之間的友誼便自然反映了這些價值。[2] 他寫道：「這股現代趨勢奔向了不受任何限制的流動性與彈性、無止盡的可能性，因此與非正式的即興友誼性質不謀而合。只要願意，我們可以與任何人以任何方式交朋友，友誼的長短也僅憑自己的決定。」他一語道盡了現代友誼的美好與負擔。

愈來愈難維持友誼的情況，並不是我們的錯，但我們有責任多了解這片嶄新的現代友誼地景，找出與他人結緣的方法。我們必須教自己如何成為他人的朋友，因為要社會來協助我們可不容易。現代友誼與選擇、時間、注意力有關，因為這就是現代生活的全部。

1. 選擇如何善用時間。我們一天都只有二十四小時。決定如何使用每小時與每分每秒，是很重要的事。每個人都能選擇要不要用心維繫友誼。選擇加深緣分，就跟任由緣分變淡一樣容易。

2. 選擇把注意力放在哪些地方。加強你的注意力，能給你如飛翔或隱身般超級強大的力量，而且危險少得多。留意朋友生活中的變化，例如重大醫療問題、敏感的財務問題、起伏不定的情緒問題等，能以不可思議的方式增進你們的友誼。

舉例來說，如果你注意到朋友最近吃素，不妨提議到素食餐廳聚會，朋友就更容易答應你的午餐邀約。如果朋友最近丟了工作，你可以提議晚上去吃披薩，而不是到精緻（又昂貴）的壽司餐廳吃飯。如果朋友最近很憂鬱，你應該要懂得他們可能過幾天才會回電。注意力的好處在於，它不費你的一分一毫，卻能讓朋友感覺你關心、重視、珍惜他們。

如果你沒有認真聆聽，便會失去了協助並為摯友效勞的機會，但如果你認真留意蛛絲馬跡，就會發現更多奉獻心力的方法。當朋友全心聆聽你說話時，他們也會找到報答的方式，讓你們更能實際享受彼此的友誼。

在友誼中，人們大多把焦點放錯地方，太常責怪自己不懂得如何完美維持緣分；實際往來時也過於不假思索，不懂得該說什麼來表達支持。他們也常勸自己不要太常聯絡。人們大多不知如何表達失望或要對方放心，也不懂得如何讓友誼逸趣橫生。

最後，大多數人都太在意對方說的話，一有什麼便感覺被冒犯，不留情面地翻臉，但實情根本沒什麼大不了。

我們生活在複雜、繁忙的社會，卻期待自己的友誼能不須言語就圓滿順利。這整套思維與方法都容易令我們失敗。

我很希望鞏固友誼就像把兩半獎牌黏合為一個那樣簡單。那就像夢一般美好，同時是對外界及彼此的一種宣言。這種黏合獎牌的舉動，不是經過計畫的，不是為了社群媒體，更不是為了吸引互動或行銷個人品牌。不，它很簡單、直接，而且富有意義。

事實是，成人階段的友誼四面楚歌。研究顯示，人們過了三十歲後，不論是交新朋友還是重新磨合既有的緣分，都變得較為困難。[3] 你會感覺自己被卡住，不知是要從頭開始認識新朋友，還是維持已不再適合的友誼與模式。由於工作和家庭義務需要我們立即關注，一天中能擠出來呵護友誼的時間，實在很有限。

這種情況是可以理解的，但也引人擔憂，因為友誼是維持我們身心安康的基本要件。友誼讓好時光變得燦爛無比，讓壞日子變得可以忍受。

事實上，依據楊百翰大學（BYU）心理學系副教授茱莉安．霍特—倫斯塔德（Julianne Holt-Lunstad）的研究，穩固的社交網絡能讓人增加五成的壽命，帶來的好處不亞於戒掉一天抽十五根菸的惡習。[4]

霍特—倫斯塔德所下的結論是，人們在真實生活中的社交網絡，「對身體健康的重要性，超過運動或減肥。」

為何成人很難交朋友？

如果我們對友誼的看法從兒時以來就沒有改變，可能會得出「友情不難培養和維持」的印象。也許在完美的世界中是這樣吧。不幸的是，在破碎的現代世界中，我們會發現在承擔成人的責任與義務之餘，還要交友並珍惜緣分，那就跟穿著夾腳拖要把汽車推上坡一樣困難。

本書的一個目的便是要你放心，你會有這種感覺很合理，你也不是唯一一個陷入這類掙扎的人。以下就來揭示其中幾個原因：

原因❶ 社會結構並不支持成人友誼

我極不願意在本書一開始就壞了讀者的胃口，但社會正讓我們體驗到波瀾不斷的友誼危機。依據美國企業研究院（American Enterprise Institute）在二〇二一年五月的「美國觀點調查」（American Perspectives），美國人比以往更不常和朋友交談，也更不會向朋友尋求個人支持。[5] 原因如下：

一人們普遍變得晚婚一

我就是這樣！我在三十九歲結婚，跟我那二十一歲結婚的母親、十八歲嫁人的祖母比起來，簡直晚婚得過分。晚婚意味著我和丈夫相遇時，兩人的朋友圈截然不同。要在這個階段把兩人的朋友群融合起來，實在很難（甚至是天方夜譚）。至少對我而言，這是一大挑戰。我們的鄰居中有無子女的伴侶，我們會一起進行雙對約會，所以適應得還不錯。但對於兩人相遇前就結下的友誼，我們往往是各自經營。但這會讓我們相處的時間變少，所以我得精挑細選要與哪些朋友見面。

一人們的機動性變高了一

我也是這樣！過去二十多年來，我在三大城市（芝加哥、紐約市、費城）居住、工作、求學。我童年與年輕時的朋友，大多不住在附近。一個住在舊金山，一個住在聖路易市，一個住在維吉尼亞州的里奇蒙市。當你們不常碰面，甚至根本碰不到面，要保持友誼長存就很不容易。從過去幾年來的經驗，我們可以得知，如果不努力與摯友保持聯絡，緣分就會變薄。

一父母花在子女身上的時間，是上一代的兩倍一

這表示他們追求並維繫友誼的時間變少了。我沒有生兒育女，但很多朋友有子女。我知道，他們忙了一天下來後，休息時間很寶貴，這對於恢復他們的精力是不可或缺的。我們的友情因為

他們為人父母的新角色而變淡，是一件可惜的事，但如果他們得先哄（好幾個！）孩子上床睡覺，那他們無法和你熱線交談，也是情有可原的。我懂，也接受了這個事實，但卻是經過了一番掙扎，才接受了不再能隨時聯絡朋友的事實。

―人們的工作時間變長，也更常出差―

如果事情關乎生計，那麼友誼往往是時間緊迫時最先被犧牲的那部分。（我也是這樣！）身為自由記者，我很常日以繼夜地工作，有時會熬夜好幾天，就連週末也要趕稿。從工作獲得的金錢能拿來付帳單，但友誼不行。你確實會覺得很難把朋友擺在第一位，因為從表面上看來，友情似乎無益於我的家計。我聽起來像是個冷血的資本主義者吧？但我只是實話實說罷了！

這些社會的各種趨勢來勢洶洶，從四面八方湧來，不是你我抵擋得了的，這顯示我們這一代的行為使得維繫友誼令人疲憊不堪。

原因❷ 對他人的信任感降到史無前例地低

我們生活在人們不信任彼此的破碎社會中，友誼飽受壓力，反映出社會功能嚴重失調。依據二〇一九年皮尤研究中心（Pew Research Center）的一份民調，今日大眾對政府的信任度，降到近乎史無前例地低，[6]人們對報章媒體、三權分立的聯邦政府、宗教體系、刑事司法體系、大企業、警察的信任度全都下滑。接受調查的人中，僅有十分之一滿意國內的現況。這實在令人悲傷！

不信任感的高漲，也轉化成了公民同胞之間日益明顯的不信任。依據二〇一九年的「美國人信任與不信任」（Trust and Distrust in America）報告，七十一％的美國人認為，過去二十年來，他們對其他美國人的人際信心降低了。[7]有半數美國人表示，他們的同胞變得不如以往可靠。

我的祖父母認識他們居住的費城郊區街頭巷尾的每個人，但在我寫書的此刻，我連自家隔壁鄰居的姓名都不清楚，只知道住對街的女人在汽車上貼了動畫貼紙，男友是個大光頭。就這樣。

對其他社區居民缺乏信任感，影響了我們與彼此交友的能力，因為友誼需要每個人表現出脆弱的一面，放心地表達真實的自我。沒有基本的信任，人們就不太可能卸下心防，與可望成為朋友的人建立真正的緣分。如果你覺得生活中處處有背叛與失望，那就永遠無法放心地任友誼水到渠成。

原因❸ 性格特徵使人難以交友並維持友誼

根據莫涅拉歐斯．阿帕斯托勞（Menelaos Apostolou）與狄絲波伊娜．克拉瑪里（Despoina Keramari）的觀點，有兩種性格特徵會降低一個人的交友能力：「高度內向」與「低信任感」。

他們在二〇二〇年發表於《性格與個體差異》（*Personality and Individual Differences*）期刊的文

章中，說明了原因何在：[8]

內向者喜歡自得其樂，因而減少了邂逅陌生人的機會

交友就像遠遊到火星，因為需要時間讓友誼發生。如果你沒有讓自己處在能花大量時間與他人相處的情境，就比較不容易發展出穩定的友誼。如果你喜歡足壘球這類團體運動，就得找人組隊才行。但如果你比較喜歡玩單人拼字遊戲，那自然就無需組隊了。

如果你很外向，可能就比較願意花時間社交。因此，你會讓自己處在更常邂逅陌生人的情境。我父親就是這類典型的外向者，而有一部分原因是他的興趣廣泛，需要其他人共同參與。他在賓州大學打業餘壁球，在地方鄉村俱樂部打高爾夫球，還為當地高中籃球賽擔任裁判，並到紐約州的沃特金斯格倫村（Watkins Glen）開賽車。由於他的興趣都需要其他人參與，所以他有來自五湖四海、各行各業的朋友。

我姊姊正好相反，她偏好鑽研水晶的力量，並施行靈氣療法，兩者都是較孤立的活動。一直到她在幾年前加入波士頓的一個跑步社團：向三葉草大喊（shout-out to the Shamrocks），她的社交網絡才急速成長。現在，她會主動參加比賽，在朋友們的圍繞打氣下跑馬拉松。擁抱需要他人的活動，使她處於培養社群的情境。

如果你的興趣是看浪漫喜劇、拿筆玩填字遊戲，或是一邊聽電臺節目《美國生活》（*This*

American Life），一邊長途散步，那就無法自然地邂逅他人，因為你沒有讓自己處於交友的情境。

研究顯示，要讓某人從「陌生人」變成「好友」，得要連續幾個月花兩百個小時以上的時間相處。[9] 如果你們是住在同一間宿舍，或上班時就坐在彼此隔壁，要累積這些時間並不難。但如果你沒有自然而然地花較長的時間與他人相處，那要累積幾百個小時就有難度了。

—有些人較不容易信任陌生人—

研究者將信任的能力稱為「親和力」。你的親和力高，便較能與他人合作、給別人相信你的機會。一般來說，你也較願意假設大多數人本性善良。不過，並不是每個人都能如此看待他人。

阿帕斯托勞與克拉瑪里在二〇二〇年的研究中寫道：「有些人容易信任他人，有些人則對他人疑心較重。」[10]「不容易信任他人者，交友可能較為困難，因為即使碰到了有可能成為朋友的人，他們也未必會給對方機會。」[11] 如果你渾身是刺，或是對他人釋出的善意裹足不前，可能就永遠無法長久地與他人待在同一個空間，深化你所渴望的友誼。

用《芝麻街》（*Sesame Street*）的人物來解釋，如果你像大鳥一樣外向，充滿親和力，那你跟左鄰右舍都能相處甚歡。但如果你類似內向的奧斯卡，那交友就成了一項挑戰。

原因❹ 友誼可能會因人際因素而瓦解

根據《今日心理學》（*Psychology Today*）雜誌的觀點，友誼陷入困境的五個最常見的原因是：[12]

・**搬家：**無論是搬到鄰鎮還是國內的另一頭，搬家會破壞原有的慣例，改變優先順序，使人們不容易接近彼此。

・**價值觀或見解不同：**你意會到彼此的政治觀不同。你感覺到朋友不像你一樣致力於揭露種族歧視。你很重視財務決策要明智，但朋友卻對花錢漫不經心。無論理由為何，你們在某個重點上見解不同，使得相處時感覺緊張或壓力大。

・**超乎自身掌控的生活環境變化：**生病、損失、婚姻、離婚、生子、失去工作、破產等等，這類因素多不勝數。上述所有事件都影響了一個人會向哪個圈子尋求支持。不是每段友誼都能處理這些事件或變化，如果朋友無法在你需要時伸出援手，你可能會愕然或感覺受傷。但這不表示他們是壞人，他們只是沒有能力協助你走出眼前的問題。

・**某種衝突：**包括背叛、惡意的舉動，或其他嚴重損及信任的事，例如朋友勾搭上你的前任情人、偷你的東西、說你的壞話等。

・**性格或生活方式改變：**你們的物理距離或許不遠，但內在卻漸行漸遠。這種情況在中學時代很常發生，孩子們在摸索自我的過程中，會試著變換不同的稱號與身分。例如，有人意會到自己偏愛哥德風，只想跟走哥德風的孩子們在一起，討論黑色唇膏和美國工業搖滾樂團九寸釘（Nine Inch Nails）的主唱特倫特・雷澤諾（Trent Reznor），便離開了原先的朋友圈。就算在成人階段，也會發生這種情形。要一個剛戒酒的人去聯絡以前愛混派對的朋友們，他可能會提心吊膽。信仰變得虔誠的人，也可能只願意與新教會中的成員往來。

一段友誼可能因為上述因素的交錯而變淡，讓人欲振乏力。也許你的朋友搬到了六個州以外的地方，而且政治觀點變得愈來愈偏激。那麼，你應該不需要占卜用的神奇八號球（Magic 8 Ball），就能看出你們維持友情的機會不大。

列出上述說明友誼為何變質的大清單，讓我的心裡五味雜陳。我始終認為自己的友誼是神奇而獨特的，因此，能以一份清單簡潔濃縮自己的友誼搖搖欲墜的原因，感覺很詭異。

如果車子沒電、燈不亮了，你會請車廠評估問題出在哪裡，但我從沒想過要把友誼當成一輛破車或一具失靈的電器來處理。但本書確實這麼做了，我們正在診斷友誼的問題所在。

我們花一些篇幅討論了造成友誼惡化的常見社會學原因、性格問題、特殊情境因素。接著，我們要把焦點轉向自己的大腦，因為人們常會提出一籮筐的藉口，勸自己不要對友誼花心思。在《我們應該在一起：培養友情的祕密》（*We Should Get Together: The Secret to Cultivating Better*

Friendships）中，作者凱特・薇洛斯（Kat Vellos）的研究揭露了成人剝奪友誼重要性的數十個原因。其中幾個主要原因如下：

- 沒空：「我忙到沒空見朋友。」
- 生涯考量：「有空的話，我寧可培養自己的專業技能，充實職業生涯所需。」
- 優先順序：「現在家庭或愛情排第一。」
- 生活方式偏好：「有空時我寧可自己放鬆一下。」
- 健康因素：「如果有空，我寧可多運動，保持身材。」
- 財務困擾：「我賺得比朋友少很多，或多很多，對我們的關係造成了壓力。」
- 虛脫：「我現在沒有那種精力培養友誼。」
- 物理距離問題：「我搬到了一個誰也不認識我的地方。」或「朋友們都一一搬走了。」
- 情緒問題：「我曾經遭到朋友背叛，所以對想打進我生活的朋友存有戒心。」

如果你查看行程表，會發現花時間培養友誼的重要性敬陪末座。你才剛坐下來準備看電影，卻收到朋友的簡訊，或是你才剛把內衣脫下來，朋友卻邀你去喝一杯，誰不會抱怨呢？當然，有時朋友會帶來不便。這類人情要求甚至讓你覺得很麻煩。或許你會想：「天啊，還要聯絡這個人，怎麼又多了一件事？這種鳥事為什麼沒完沒了？我什麼時候才能只關心自己的事，不用關心地球上的每個人？」即使是最健康的友誼，也需要你犧牲，偶爾先把自己的事情排開。這可能會令你覺得厭煩或不快，尤其是你對造成你犧牲的人不甚熱中的時候。

我想說清楚的是：如果你沒有能力守住友誼，那不是你的錯。問題在於這個社會不利於我們維繫友誼。我們生活在流動無比迅速的文化中，換工作、換住家，甚至換身分都很容易，往往連磨合也省下了。這並不是你的想像，時代的新力量的確正在將我們拉往新的方向（關於這些趨勢的影響，詳見第三章）。儘管我們能在不同團體、社群、圈子裡來去自如，但所有這類變化也影響著我們最親密的連結。以我自己的人生來看，從芝加哥的龐克搖滾圈、紐約市的獨立搖滾浪潮、費城的舞廳文化現象，到無聊的四十多歲中年主婦，每個轉折都讓我失去一些朋友。

但我們仍應該排除萬難，為友誼留出一些空間，因為擁有重要的美好朋友，能讓人生以各種可能的方式變好。談到交友時，我們所談的其實是兩件事：一、如何找到對我們重要的人；二、如何讓我們喜愛並欣賞的人感覺到我們的重要性。

現代友誼讓我們的處境堪慮，因為我們不再像父母與祖父母那麼依賴鄰居與朋友了。這是能在頃刻之間獲得所需資訊的後果。我不需要問光頭鄰居街上的巨響是怎麼回事，因為我的電子信箱中已塞滿了鄰居在社群媒體上分享事件經過的貼文。我不需請教鄰居如何換車子輪胎，自己看網路影片學著換就可以了。我也不需要問某個朋友，我的手痛是怎麼回事，因為只要上網搜尋，我就能自行診斷（我玩電子遊戲機玩太久，手就遭殃了）。

因此，現代友誼的挑戰在於，要思考我們如何在這個資訊便宜又豐富的時代，與朋友保持往來？我們能為彼此提供什麼搜尋網站所不能提供的東西呢？嗯，說到底就是人性吧，如共鳴、同理心、同情心等。網路影片不關心我對自己換輪胎有何感受（我大概會覺得自己很可憐），但人類能付出關心，讓對方知道他很重要。這一點就很可貴。

科技永遠不會讓我們感覺自己很重要，以及自己的獨特性、幽默感和正直很重要。那是科技始終缺乏的東西。參與科技絕不會比花時間與摯友相處，更能給人滿足感。這兩者根本無法相提並論。我們的大腦知道，社群媒體祝我們生日快樂，跟親愛的朋友祝我們生日快樂，是不同的。

我們都會花時間關注自己重視的事物，而友誼就成了這方面的專門紀錄。它記錄著哪些是你渴望找時間相處的人、哪些是你必須優先選擇的人、哪些又是你實際花時間相處的人。理想上，我們希望定期與自己最喜歡、最知心的朋友親密相處。但事實上，我們很少這麼做。

此外，友誼呈現了我們曾花多少時間一起探索世界：

「我唸幼稚園時就認識布萊恩了。去年他結婚時我還是伴郎呢。」

「阿拉娜和我是在五年級的童軍營中認識的。」

「我是在二〇〇三年大學入學的第一天遇見柔伊。畢業後，我們還一起租公寓住。」

「佩姬和我是在八年前透過工作認識的。」

友誼是關於日後設法找時間與朋友相處：

「你是說克麗希嗎？我們參加同一個讀書會。每個月的第三個星期四，我們都會見面。」

「我和馬爾克上同一個陶藝班。我們是一起去報名的。」

「你要不要跟我一起打壘球聯賽？我們都在星期二晚上碰面。」

「我剛預訂了下個月到大西洋城的女子出遊團，妳也來吧？」

「哪天我們退休後，就會在養老院裡打麻將。我連穿什麼花裙子都挑好了。」

友誼是關於優先和某些朋友相聚：

「這週我要和丹尼碰面。」

「我們星期天邀貝希來吃飯吧。」

「我有一陣子沒聽到傑西的消息了，我要邀他出來喝咖啡。」

友誼是邀朋友出來碰面：

「你有沒有興趣和我一起去看漫威電影？我們可以坐那種向後靠的躺椅。」

「你來我家吧。我們在露臺上喝杯冰茶，我想聽你說假日去了哪裡。」

「我得到服飾店去退幾件衣服，你要一起去嗎？我們可以到附近的漢堡餐廳去坐一坐。」

友誼也是關於喜歡彼此共處的時光；

「你總是知道哪些話能讓我開心起來。」

「你給我的感覺就像家人一樣。」

「謝謝你聽我說這些，我覺得安心多了。你人真好。」

「每次見到你都很開心。」

「真希望哪天我們可以坐下來聊一整天。」

友誼是你過去的一切決定、今日的一切選擇、未來的一切計畫的總和。這些日常小決策可以讓摯友知道我們重視哪些事，進而協助他們也這麼做。

要找出哪些人是你的可貴摯友，一開始可能不太容易，但我發現了六個關於現代友誼的殘酷真相，或許能卸下你肩頭的壓力。

關於現代友誼的六大殘酷真相——Chapter 02

有時我希望在自己的人生中，能有人坐下來好好向我解釋友誼是為何及如何變淡的。但我這輩子認識的人當中，確實沒有哪個人悟出了一番道理。

我在芝加哥北岸讀書的少女時期，交朋友是件單純的事，這有一部分是跟環境有關。我是個「專業」轉學生，輾轉在國內各地度過童年（十五歲之前，我讀過三座城市裡的八所學校）。其他孩子都跟小時候玩鬼抓人的同儕形成持久的友誼，而我在那方面顯然不是敵手。我是貨架上（沒人嚐過）的新品牌莎莎醬；當人家已經找到了最喜歡的O牌莎莎醬時，又何必選我呢？

因為擔心自己被拒絕，我認為等其他孩子來找我玩比較安全。對於可能成為朋友的同學，我也沒什麼交友策略。當時的我還不夠認識自己，甚至說不出自己想跟朋友一起玩什麼。我不會騎車。我家不是娛樂的好地方，所以也從不會請朋友來玩。我又沒錢。那我們能做什麼？到附近走走？在當地的運動場閒晃？

我確實有一種預感，覺得音樂能為我帶來友誼。八年級時，班上有個名叫潘妮洛普的活潑女生，有兩樣鮮明的喜好：芝加哥公牛籃球隊和嗆辣紅椒樂團（Red Hot Chili Peppers）。她似乎能成為我的朋友，因為我們在走廊上遇到時，她總是會對我微笑。我們班到華盛頓特區進行校外教學時，她就坐在我旁邊，被我講的笑話逗得呵呵笑。

我只需要製造機會，真正向她展現出自己能成為一個很好的朋友。那個週末，我搭半小時公車到購物中心，買了嗆辣紅椒樂團的《血糖性魅》（*Blood Sugar Sex Magik*）專輯。星期一那天，我刻意在潘妮洛普經過我的櫃子時，把專輯拿出來閃了一下。

「真的假的！妳喜歡嗆辣紅椒？」她開心地說：「他們是我最喜歡的樂團耶！」

「真的假的！」我跟著她回答，假裝對這份巧合感到訝異。「我是他們的大粉絲。真不敢相信妳也喜歡這個樂團。」

最後，這一招奏效了。她真的成了我那一年最好的朋友。沒錯，我感覺自己像是很懂得要花招把妹的搭訕高手，但〈橋下〉（Under the Bridge）確實是我最愛的歌曲之一。我偏好想成自己對交新朋友很有一套，而不是偷偷操弄時機，但說實話，可能兩者都是吧。

一旦形成友誼，要維持童年友誼就……簡單多了。就連我最堅固的友誼，也不費我吹灰之力。我在朋友們出現的地方（學校、另一個朋友家裡）出現，欣賞同樣的事物（龐克搖滾樂團、墨西哥捲餅餐廳的豆泥乳酪捲餅）。一九九六年，我搬到紐約市就讀大學後，也做了同樣的事。我受到藝術傾向強烈的叛逆孩子吸引。我們現身在夜店「編織工廠」（Knitting Factory）的獨立搖滾秀現場，參加朋友的藝術展開幕式，並試著結識有魅力的人（說實話，大多失敗了）。

密友意味著我們都痛恨彼此的前任情人和畢業後的爛工作。大部分時候，交友似乎很簡單。朋友和我都沒什麼錢，但時間多得花不完，所以總是沒完沒了地一攤接一攤。

二十五歲以後，事情開始有了變化。友誼在各種期待、優先考量、環境的變化下變得緊張。對彼此忠誠很好，但仍不足以維繫坑坑洞洞的友誼。朋友們搬家了；有些人結婚了；有些人生了孩子。然後我在二〇〇二年搬到費城，必須從頭打造新的社交網絡。我缺少一張指引我或朋友們度過這些變化的地圖。

人際問題一個個出現，包括嫉妒、羨慕、拋棄等等，我們不知如何描述各種情況。我領悟到，只要有好友在身邊，世界再大也不是問題，但一旦嫌隙出現在彼此之間，我就不知道該如何是好了。讓某人失望時，我不知道說什麼才能彌補；朋友傷害到我時，我也不知道該如何告訴她。怨氣日積月累，冷戰到最後就成了永久的疏遠。

不管是從哪個角度來看，我都不知道該如何因應這些挑戰。我周圍沒有人能解釋發生了什麼事。父母和祖父母也幫不上什麼忙，因為他們的朋友多半不是異性，背景也單純得多。我的同儕也無法提供什麼好洞見，他們就和我一樣茫然。我們只能表達同情：這件事艱難又詭異，我希望自己幫得上忙，但這超出了我的能耐。

絕交是一大悲劇。你和重要的另一半分手時，其他人會連忙安慰你，但如果是跟朋友絕交，那種悲傷是沒有名分的。你感覺孤單，而且難為情。

在這種情況下你通常會尋求安慰的那個對象，如今卻成了你不能靠近的人。與朋友絕交的痛苦可能會縈繞在你心頭多年，久久不散。

和朋友分道揚鑣的感覺很難受，尤其是曾經共度歡樂時光的朋友。但我們都是人，都會犯錯。友誼中出現裂痕是難免的，但不需要釀成一場災難。如今，我對友誼這個主題已經很熟悉，可以（像個姊姊或親愛的堂姊）把以下六個關於現代友誼的殘酷事實，娓娓道來給你聽。如果你謹記這些真相，就能在念及朋友的人性下，擁有成功的友誼。請坐好聆聽，忍耐一下刺激。

真相1　朋友會令我們失望

沒錯，朋友是會搞砸事情的。他們給我們的，未必是我們需要的。他們會說出奇怪的傷人話語，令我們困擾。他們會以各種方式搞砸了大事（和小事）。朋友會令我們失望。但當然，我們也會搞砸事情。我們也會說錯話，或在他們最需要我們的時候令他們失望。我們也會說出奇怪的傷人話語，儘管並無惡意。

現代友誼的關鍵是要退一步想一想，了解自己能掌控什麼，無法掌控什麼。完美的友誼並不存在，因為世上沒有完人。如果我們老是期待他人給我們完美的友誼，那只能不斷心碎。

如同一切有生命的東西，長久的友誼總是帶有傷口、誤解或衝突所造成的累累傷痕。你與他人的友誼之路不會十全十美。這條路可能不平順，但這沒關係。重要的是我們選擇明智地投入時間與注意力來呵護友誼，以自己目前的能耐接納彼此。

真相2 友誼會改變

友誼不是一個禁止標誌或一期《時尚》（*Vogue*）雜誌，它不會靜止不動，而是像一株番茄或費城的天氣般時時演化。人們一直在成長、變化、脫胎換骨，原因多不勝數。因此，我們的友誼也必須成長、變化並脫胎換骨。

友誼就像電視節目和熊一樣，有自身的活動期。在某些季節裡，你們親密而無拘無束；在其他時候，你們會比較冷靜，距離較遠。當你發現自以為已成一灘死水的友誼竟然仍蘊含著生機時，總是會很驚訝。有些友誼就像美國影集《眼鏡蛇道館》（*Cobra Kai*）那樣，竟然能在二十多年後重新成為熱門影集。每當你很確定一段友誼走入死巷時，人生總是有辦法嚇你一跳。

麗恩的經驗

有時友誼會出現令人灰心的變化。麗恩說：「我很難找到跟我一樣喜歡做某些事的朋友。大多數朋友都搬走了（有兩人搬到巴黎，去拜訪他們很有趣，但太遠了），所以我只剩下愛喝酒的朋友，但他們想出門時，我卻只想待在家。有些朋友有孩子，所以每兩週的星期三，她才有一小時可以出來走走。其他朋友則是滿口抱怨錢不夠，可能不想去我想去的地方，或者是我得替他們付錢。」

她接著說：「我希望有人能告訴我，不管是人生哪個階段，失去朋友都是完全正常的事。我以為身為成人，人人都能和他人處得來。」

不過，最令麗恩驚訝的是，許多「親密」朋友在她父親過世後卻突然斷了聯繫。她說：「我困惑得不得了，四年多過去了，我還是百思不得其解。「我以為身為成人，一段友誼結束時，應該要有某種明確的了結。」

事實上，未必會有什麼明確的了結。我們有責任與這種含糊的狀態和解。其中一個方法是分享你的故事給他人聽。如果你還是解不開心結，可以向心理健康專業人士求助，來處理你的傷痛。我也希望像本書這樣的著作能提供一些線索，讓你了解朋友心裡可能怎麼想。等我們討論到為何人們會出現某些行為，你將能從全新的角度來評估自己的失望。

真相3 友誼需要成熟

友誼需要你認識自己，明白自己的情緒界限，並清楚告訴他人，你有哪些需求與期待。人們在成熟之後才有能力了解自己，了解世界廣大而複雜、不可預測，並能清楚表達自己的界限何在，而非明明約好了卻爽約，或在朋友的里程碑事件中缺席。總之，重點是你要與朋友保持聯絡，並挪出時間相處。

沒有人生來就是交友高手，這是一輩子的課題，但付出時間與注意力成為一個全心全意奉獻的朋友是值得的。回顧人生時，你才不會後悔自己沒有為那些豐富你人生的朋友付出充分的時間。你會心滿意足，感覺自己見證了朋友人生的高低起伏。

如果此刻你的友誼正岌岌可危，沒關係。你正面對著我們這個文化前所未見的歷史新力量。此外，沒有哪兩段友誼是一模一樣的。每段友誼都帶有自身的魔力、語言、儀式與化學效應。

就像深思的目的並非「尋求快樂」，而是接納並與當下和解，對友誼而言，以接納人與友誼的現況為目標，而非勉強親近或要求答案，才是更明智、實際、成熟的做法。沒有人喜歡被支配，所以強迫某人與你交好，可能會適得其反。放手對你來說可能是一項新技能，但多加練習，你就能愈來愈熟練。慶幸自己的失敗吧！因為失敗代表你嘗試過。

今日人們要做到某些事易如反掌。我可以在家裡等人送來髮圈的包裹，選擇看幾年前的影集

《副人之仁》（*Veep*），隨時上網購買液態腮紅。但友誼無法隨傳隨到。它需要你斟酌言行，用心思考。若要擁有高品質的友誼，就要懂得善用有限的時間、精力、注意力與金錢資源。正因為這必須親身投入，所以才會累人。

有時，友誼會因為某些單純的實際考量而受到衝擊。也許你想找一個「第三地點」——非職場也非住家的地點——與朋友見面，但在這個時代，要找到一個免費的會面地點是愈來愈不容易了。我們的祖父母那一代有各種方便聚會的俱樂部、組織與宗教場所，但現在這類不花錢的會面地點並不好找，就成了我們要費心思考的一個因素。

當然，努力的反面就是失敗。任何嘗試都有失敗的風險。我很常失敗，是大失敗的行走百科全書。我把自己的幽默回憶錄命名為《顯然，我沒想清楚》（*Clearly, I Didn't Think This Through*），正因為我是個行走的傻瓜。我搞砸的友誼不少，其中有些在多年後回想起來仍令我心痛。有些好友已經不再回我的電話。直到今日，我仍然不知道原因為何。我說錯話惹毛朋友的次數，多得數不清。我曾在大大小小方面令朋友失望。我曾因恐懼而迴避必要但棘手的對話。我曾讓怨氣日積月累地惡化成無法治癒的傷口。真不知道當初自己做了什麼。

如果當時朋友和我有足夠的勇氣與成熟度，在面對那些難纏問題時，想必許多阻礙都能迎刃而解。過去，我總是把衝突看成是判了友誼死刑，但那其實是可貴的磨合機會，有益於彼此和睦相處。失去這些珍貴友誼後，我才明白自己還必須更成熟。當我不再老是指責朋友，懂得為自己在絕交中扮演的角色負起責任，我就明白自己長大了。

成熟是一道門檻，跨過這道門檻，你就不會再急著為自己辯護，而能產生更多好奇心：為什麼朋友會產生那種感受？我在這種反應中扮演著何種角色？當我能敞開心胸、平心靜氣地交談之後，我明白自己終於成熟到能享有自己渴望的知心友誼了。

搞砸有搞砸的美。只要你開始改變，就難免會犯錯、誤判、失態。那是人生的一部分特權。動物也會搞砸事情。我知道熊會，狗也一定會。我敢保證此刻一定有某隻走錯路、做錯事的烏賊。重點是，我們要接納自己（正常而難免）的失敗。

失敗很重要，那是學習限度、邊界、偏好為何的必要成分。我的失敗友誼所留下的爛攤子，充滿著寶貴的教誨。那些教誨讓過去的我吃了許多苦頭，但正因為我失敗了那麼多次，才懂得如何成為一個更好的朋友。

人生最終是由自己的各種人際關係所界定。你給親朋好友留下什麼樣的感受，就是你所留下的遺產。

真相4 偶爾被拒絕時，也要放寬心

邀某人共度時光時，難免有被回絕、放鴿子、冷落的時候。這時，人人可能都想過不要再聯絡對方，唯恐再度遭到拒絕，但你的責任正是要為了友誼而繼續聯絡（當然，要保持理性）。

有意義的友誼始終伴隨著某種程度的拒絕。沒有哪個朋友能隨傳隨到。當然，或許你會感覺被拋棄、忽視或冷落；有時你請朋友幫個忙或約見面，卻遭到對方婉拒時，確實可能感覺被澆了一頭冷水。不回應或一口回絕未必是重點所在，但其中的實用資訊，讓你能了解在朋友心目中哪些事比較重要。

蕾妮的經驗

「如果當時我明白，不是每個人都希望時時刻刻社交就好了。」蕾妮說：「有些朋友可以每幾個月或每年見一次面就好，但那並不意味著我們的友誼沒有意義。」

梅克馨的經驗

「有些朋友會因為某種原因而不再聯絡，像是搬了家、生了小孩，或總之從某時候起就不再互傳訊息。」梅克馨說：「友情變淡，大多不是因為什麼重大原因或心結，只是沒有繼續聯絡罷了。疫情期間，我順水推舟地與幾個人斷了聯繫，因為感覺這份友誼走到了盡頭。」

我希望能揮一揮魔棒，就讓被回絕或忽視的風險消失無蹤，但友誼神奇的地方就在這裡。鑽石的珍貴是源於稀少（但其實沒那麼稀少，只要上網搜尋一下就知道了），魚子醬很昂貴是因為取得不易。你看過阿拉斯加漁夫在海上的暴風雨中奮力撒網捕蟹的節目嗎？那正是阿拉斯加帝王蟹的蟹腳貴到令人咋舌的原因！

「稀少」往往是使事物特別的原因。友誼也是如此。可能被拒於門外的情感風險，以及人為刻意避免這類情況而做出的努力，正是使友誼特別的原因。

唐．米蓋爾．魯伊茲（Don Miguel Ruiz）在《打破人生幻鏡的四個約定》（*The Four Agreements*）一書中，勾勒出了使人生美好的四大法則。第一項是謹言慎行，第二項是不要把每件事都放在心上，他寫道：「把每件事都放在心上，突顯自己的重要性，就表示你是個極為自我中心的人，因為你以為每件事都和自己有關。別人所做的事，沒有一件跟你有關。因為那都只跟他們自己有關。所有人都是活在自身的夢境、自身的心靈裡；他們活在與我們截然不同的世界中。太過在意他人的言行，其實就是以為他們知道我們的世界是什麼樣子，而我們想把自己的世界強加在他們頭上……於是你感覺被冒犯，你的反應是捍衛自己相信的事，並製造衝突。」[1]

魯伊茲進一步闡述其細節。「不再認為每件事都跟自己有關，而是能直觀他人的本貌，那麼我們就絕不會被他人的言行刺傷。就算他人對你說謊，那也無妨。他們說謊是因為害怕。他們害怕你發現他們並不完美。」

魯伊茲告訴我們，只要不再執著於掌控他人，我們就不會再患得患失，而是相信自己能做出正確的抉擇。當你不再認為凡事都是針對你，那麼，憤怒。嫉妒、傷心等情緒就會減少；你不會再因為他人的言行而傷心，或感覺被冷落、冒犯、背叛，因為他們很可能根本無意傷害你。

奧莉薇亞的經驗

奧莉薇亞明白，關於友誼，她最好學會克制自我。她與治療師談過一位朋友冷落她的事，但治療師反而問她：「如果妳的朋友只是有盲點呢？妳不必特別指出她的盲點，只要泰然處之就好了。」換一個框架思考，令她如釋重負。「她有盲點，並不是刻意要傷害我，只是有自己的事要忙。能夠原諒她，不再把這件事放在心上，讓我感到自由。」奧莉維亞說道。

重點就在這裡：朋友也是人。身為人就有盲點，因此，朋友也有自己的盲點！當然，有時人確實懷有惡意。這是個不幸的事實，有時朋友的確會故意對我們不好，引發友誼的危機。第九章對此會有更多的討論。

真相5 尋找結緣機會是我們的責任

踏進麥克斯百貨公司（T.J. Maxx）對我而言是一種靈性體驗。我喜愛其中的一切：天花板刺眼的螢光、成排的洗手皂與一．八公升的瓶裝乳液、按季節隨意陳列的馬克杯。南費城的這家百貨公司會在一月底推出復活節主題的抱枕，那就是它厲害的地方！你的情緒還沒準備好，它就已經迫不及待地展開下一季的節慶了。麥克斯百貨公司有自己的行程表，不會向任何人低頭。

有一天，我在逛髮品專區時，發現架上有《酷男的異想世界》（*Queer Eye*）髮型顧問喬納森．凡奈斯（Jonathan van Ness）為ＪＶＮ品牌設計的兩款潤髮乳，定價十二．九九美元。大瓶裝的品牌潤髮乳在美妝網站絲芙蘭（Sephora）的定價通常是二十一美元。相比之下，人人都會認為前者的價錢很划算。

一位高䠷的金髮女子發現我盯著潤髮乳看，於是拿起那閃亮的藍瓶子對我說：「這款潤髮乳賣得很好。」

「是啊，大家對這個品牌的評價好像不錯。」我回應道。

「小子，沒錯。」她說：「這瓶非買不可。相信我，妳不會後悔。」

我拿起瓶子，無聲地與對方互碰了一下瓶子，然後相互點點頭。兩個陌生人，兩個在週四下午一點三十分來逛麥克斯百貨公司的客人，在那電光火石的一刻，享受著因為潤髮乳而自然激起的友誼。

那神奇一刻的誕生，是因為我接受了那名女子的建議，決定試用那瓶潤髮乳。你接受朋友的建議時，他們會很開心（「聽聽這個播客節目」、「看看這個電視節目」），因為這相當於你告訴他們：「我重視你的意見。我很樂意透過你的雙眼看世界。」其實當時我根本不需要潤髮乳，但在那一刻的情誼刺激下，我樂於遵命。

婚姻治療師約翰・高特曼（John Gottman）在《關係療癒：建立良好家庭、友誼、情感五步驟》（*The Relationship Cure: A 5 Step Guide to Strengthening Your Marriage, Family, and Friendships*）中指出，成功的伴侶對彼此比較用心；他也認為，朋友給彼此的邀請（bid）是培養友情的基本要素。[2] 接納對方的邀請，證明了我們關心彼此。

接受或忽略邀請，相當於回應他人培養情感的要求。高特曼寫道：「我們可以把『邀請』看成是一個問題、手勢、眼神、觸碰，而這個表達的涵義是：『我想要和你更親近。』」起初他的研究聚焦於戀愛關係，但不久後他就察覺，所有關係都有這層共通點。

他發現，在意彼此的邀請的伴侶，也會比較積極參與兩人的關係，較容易對各種論點表達幽默、情感與興趣。他寫道：「拿出尊重與愛來回應彼此的邀請，從中累積的好感，就有如一種情感『存款』。」

有些人在關係中不太重視對方的邀請，但鮮少是因為出於惡意。依據高特曼的說法，忽視對方的邀請的常見原因是無知或遲鈍。忽略所愛之人的邀請，會使對方深深感到孤單、失望。他補充道：「許多人認為，他的同儕、手足、孩子是不忠誠、不值得信賴的。」然而，深入了解這些人後，他發現了一個可辨識的模式：他的案主似乎對他人在生活中培養感情的邀請渾然不覺。既然對方的主動努力失敗了，難怪會就此止步。

高特曼說明，這類大至求婚、小至加水的邀請，可能是很細膩的：「我喜歡你穿藍色衣服，很適合你。」也可能很明顯：「你幫我剪頭髮好嗎？」兩個陌生人之間也可能出現這類邀請：「我去廁所一下，你可以幫我看著我的筆記型電腦嗎？」當然，這也會發生在密友之間：「我聽了這個新播客節目，我想你會喜歡。」

正面的回應可能像是：「喔喔，把那集節目的連結傳給我。我在坐車回家的路上可以聽。」這顯示你接納了朋友的邀請，而這可能有助於你們的進一步互動。之後，你可以與朋友分享你對那集播客的印象，持續交流，或許能從中建立起兩人的共同興趣。

負面的回應則像是：「我不聽播客，那不是我的菜。」這類回應就像是剪斷了緣分的枝椏，使朋友往後提出其他邀請的可能性趨近於零。當然，高特曼並不是建議你要答應信件匣中的每個邀請。那既不實際，也持續不了多久。相反的，他是建議你在回絕邀請時，要謹慎面對其背後培養情感的暗示。因此，如果有人推薦你聽播客，但你不是播客迷，你最好說：「我不聽播客，那不是我的菜。不過，我喜歡讀新聞通訊。你有訂閱任何通訊嗎？」

在上述的例子中，你拒絕了對方的邀請，但提出了另一個正面回應，確保對方知道你仍願意與他交流。接納小邀請，是維持往來的絕佳策略。

真相6 成為某人的知己，能讓你更快樂

談到友誼，我想人們大多認為，如果自己的人際網絡穩固，擁有一群忠心的朋友，就會比較快樂。瑪瑟拉・凱皮克（Marcela Kepic）與北伊利諾大學教授暨《有毒的友誼：明白規則何在並因應打破規則的朋友》（*Toxic Friendships: Knowing the Rules and Dealing with the Friends Who Break Them*）作者之一蘇珊・狄吉斯—懷特（Suzanne Degges-White），在二〇一九年的一份研究中，訪談了四百二十二名三十一歲到七十七歲的女性，檢視友誼如何影響其人生滿意度。[3]她們發現，對青壯年女性而言，有三項主要因素可預測其人生滿足感：一、感覺比實際年齡年輕；二、享受歸屬感；三、成為某人的密友。各位，快記下來！這是人生圓滿的地圖啊！

他們也發現，拜訪朋友的頻率高、對朋友的數量滿意、擁有整體而言較多的朋友，都能提升我們的人生滿意度。人際網絡中的朋友較多，我們就會較快樂，這完全是有道理的。研究發現，從數量來看，擁有三個以上好友的人，其人生滿意度也較高。

然而，擁有珍貴的朋友就能令我們愉悅，這一點可能令你驚訝。能夠打電話給某人尋求情感

支持，當然感覺很好。但真正讓人產生美好感受的原因，其實是被他人視為摯友。

「能提升人生滿意度的不是擁有知己，而是身為他人的知己。」狄吉斯—懷特博士表示：「因為很多時候我們會想：『好吧，我有死黨，所以我很好。』但其實重點是：『他覺得我是他的死黨嗎？』他人把你視為知己，顯示你是一個十分懂得付出與支持的人，那比『我有個能依靠的知己』更能成為人生滿意度的指標。」

為什麼身為某人的知己會令人感覺良好？因為從生物學角度來看，我們生來如此。利他主義（關心他人的福利），是人類演化來保持社會運作的一種生存工具。我們天生就會想幫助他人。[4]「我們為他人做了某件好事時，體內就會分泌多巴胺，令我們感覺良好。」狄吉斯—懷特博士說：「身為好友令我們感覺充實，能滋養我們並給予我們正面的報償。我們感覺良好，不是因為擁有可以依靠的朋友，而是成為別人能依靠的朋友，那令我們感覺自己對他人來說很重要。」[5]

在人生旅途中，我們都想成為對他人而言重要的人，而支持並照顧他人，就是達到這一點的方法。

愛與歸屬感是人們基本的天生需求。我們亟需感覺自己是某個超乎自我的東西的一部分。友誼能給我們這種感覺。朋友在我們難過或失望時關心我們，令我們感覺自己對他們來說很重要，還能大幅加強我們的自尊。

回到前述提升青壯年女性人生滿意度的三大要素。狄吉斯—懷特博士與凱皮克發現，活躍於社群通常能使人感覺自己比實際年齡年輕。依據兩人的說法，這種社群參與有助於人們發自內心地感覺回春，找到人生的喜悅與樂趣，並跟著團體參與新活動。同樣的，為了享受歸屬感，你必須創造並呵護你所置身的社群。你必須勤於露面，用心保持友誼活躍。

那麼要如何成為某人的好友？本書正是指引讀者做到這一點的實用手冊。請繼續讀下去。複述一下重點：擁有我們欣賞並喜愛的朋友很棒，但更能令我們感覺無比美妙的，是被充滿活力而出色的人當成好友，因為我們喜歡感覺自己被需要，有歸屬感。那讓我們感覺自己對他人來說很重要。這就是寂寞最好的解藥。

歡迎來到全心全意的友誼

在將近十年的研究與無數次對話後，我終於明白了要如何讓人們認為你是個全心全意、懂得關懷的朋友。我將所有這類決策稱為「**全心全意的友誼**」。

研究者及作家布芮妮．布朗（Brené Brown）在其著作中經常使用「全心全意」一詞。她談到全心全意地生活，也就是從建立自我價值的角度來參與生活。她也談到培養勇氣與同情心，使我們能「一早起來便想著：『不論我完成了什麼，還有多少未完成，我的付出都已經足夠。』」。

在我的定義中，「全心全意」一詞的意義稍有不同。「全心全意的友誼」彌補了你對友誼的期待與真相之間的裂縫。要達到全心全意的友誼，就要多注意自己的言行與思維，不論是對自己還是對朋友。這表示你能更務實地運用眼前的工具，願意借學識之力做出更明智的選擇，來保護友誼的品質，給予友誼適合人生四季的最佳機會。

究竟友誼為何重要？如果你與朋友的往來歷史布滿了坑坑洞洞，就會很猶豫還要不要再度落入那種容易受傷的境地。你甚至會勸自己說，朋友不值得你付出。他們就是大麻煩。人太複雜，太浪費你的時間。他們有自己的問題與怪癖。也許你比較喜歡和動物或小孩子在一起。他們似乎比較安全，你不必費太多精力與心思在上面。

如果是這樣，我會說你尚未真正領略過「全心全意的友誼」有多美好。我很抱歉你這一路來走得不順遂，但你是個很了不起、性格豐富的人，對世界能做出諸多奉獻，找出最適合你目前生活的朋友，現在正是時候。

師長從未教過我們如何成為彼此的好朋友。也許他們以為小孩子在學校和家附近的活動，自然會讓我們懂得如何交友。不論我們在早期養成哪種交友習慣，那些習慣都會延伸至成年期（也許稍有更動與調整）。不過，孩子們要交朋友容易得多，那些有限的技巧對孩子或許管用，但長大成人後，人生變得複雜，那些交友技巧顯然就不夠用了。此外，我們往往還要面對科技驅使下的後疫情時代所帶來的壓力。在談論友誼之前，我對交友的所知大多是從錯誤中一步步嘗試學來的。我不希望各位也犯下和我同樣的錯誤。

「全心全意」意味著投入、忠誠、熱心，而「全心全意的友誼」則是以友誼來體現上述特點。在這種關係中，你感覺溫暖、自在且靈活，彷彿你最愛的內搭褲活了起來，從你最喜歡的喜劇演員威爾．法洛（Will Ferrell）的喜劇片中，找了一張搞笑的迷因圖傳給你。

成為全心全意的朋友，將會改變你的思考與生活方式。那表示你要多注意自己的言行與思維，好讓你關心的人覺得有你在身邊，他們更有自信、安全而放心。那表示你要意識到他人的現實生活，讓他們感覺你看見並聽到了他們。那表示你能為自己挺身而出，明白說出自己對這段關係有何需求。

那不正是我們想從友誼中獲得的感受嗎？那不正是你想要的感受嗎？希望此刻你正點頭同意我的說法。

做完本書的練習後，你會很快就察覺到自己的改變。你不需要擔心不知該如何安慰傷心的朋友。你會更懂得辨認增進感情的機會何在。你也能將這些知識運用在人生中其他重要的人身上，包括家人、重要的另一半、同事、熟人等。加強這些緣分，將你真正在乎的人結合成堅固健全的人際網絡，有助於你面對人生中任何艱難的挑戰。

當你調整自己的言行和思維時，身邊的人也會發現彼此的關係出現了正面變化。他們會察覺到，有你在，他們似乎感覺更平靜、更放鬆。他們也更能對你敞開心房，因為他們知道你不會任意評判他們的感受。他們與你分享生活細節時，會感覺更踏實、更能感受到你的理解與支持。我希望本書能協助你迅速診斷出友誼的問題何在、你能做出哪些調整來使友誼回到正軌，讓你感覺更有勇氣放開不適合的友誼，更能在你決定保留的友誼中，明白道出你的需求與期待。

我們要如何成為他人不可或缺的朋友？如何讓他人願意拉近與我們的距離？如何界定「朋友」，使其超乎從社群媒體或學校、職場認識的人？嗯，第一步是弄清楚你的人際網絡終究竟有哪些人。唯有如此，你才能藉由改變、適應及調整自己的生活，留出讓友誼成長的空間，進而成為他人的絕佳朋友。

Chapter 03

為何你感覺有一百個朋友，——卻又像沒朋友？

格奧爾格．齊美爾（Georg Simmel）是二十世紀初的重要社會學家，依據他的觀點，在前現代時期的西方社會，人們的社交網絡多半很穩固，但對外人的包容度很低。[1]如果以畫圖來表示這種社交網絡，看起來會像是一連串同心圓，最內圈代表你，然後是你的家族、你的工作圈，接著是更大的社區，你的宗教與文化身分則構成外圈。

齊美爾發現，以這種方式運作的社會有幾個強項。其中之一是，人們在這種緊密的社區中感覺更安穩，也更清楚社區對他們的期待，不會忐忑不安。他們知道自己的角色與文化義務為何，例如要與誰成親、要做哪些工作才適當等。在這個過程中，他們無須揣測，人生通常是線性的。

我有一些親戚出身於一八〇〇年代晚期的羅馬尼亞猶太區，過去他們就是像這樣與外界隔絕地生活著。女人能扮演的社會角色很有限，而且當然不准讀大學。男人則多半繼承家族生意。社區中的每個人都去同一間猶太教堂。這確實很像電影《屋頂上的提琴手》（*Fiddler on the Roof*）中的那種小社區。你的親戚們過去也可能生活在那樣的社區中。

然而，這類社會的缺點是個人自由很脆弱，任何團體外的行為都會被看成是可疑的，幾乎無法被眾人包容。

儘管我是用前現代來描述這類社會，但它在今日仍然存在，較常見的是某些教派或其他不鼓勵外人進入、規定十分嚴格的社群。

不過，在現代社會，我們的社交網絡呈現出的是多個圈子雜亂交集的圖像，有些是出於自己的選擇，有些則是代代相傳。你無法選擇自己的家族出身，但未必要像一百年前的人一樣，一輩子待在那個圈子裡。因此，現代社會的網絡不是建立在親屬關係與居住地上，反而擁有豐富的資訊量與選擇，不像一連串同心圓，反而偏向多圓相交的文氏圖（Venn diagram），生活與社群的各方面有部分相交，但不會全部重疊。

我們的社會結構不再穩固不變，但我們在工作和學校（如果有的話）等方面的個人選擇確實變多了。我們對外人的包容力變高，也更願意敞開心胸探索人生的不同面向。缺點是，這種社會的不確定性較高。「你是誰」的問題變得更難回答，因為答案可能並不簡單。你的價值觀與規範，可能會取決於你所選擇認同的團體，例如種族、國籍、階級、政治傾向、工作，甚至住處等。要考慮的身分可多了！

依據柏妮絲．佩斯科索麗多（Bernice Pescosolido）與貝絲．魯賓（Beth Rubin）在二〇〇〇年發表於《美國社會學評論》（*American Sociological Review*）的一篇文章，我們正處於「社會轉型時代」。[2] 現今，我們生活的後現代社會，就像單車車輪的輪輻狀結構那樣，你在輪子的中心，而你身分的其他層面則朝四面八方幅散。

在這種後現代社會網絡中，由於我們通常不會長久待在同一個團體中形成強力的連結，所以社交圈不會交疊。個人與機構的連結反而是「多重的，而且往往是暫時的，不是單一且持續終身的連結。」作者寫道：「個人與多個職場和家庭有連結，就連宗教信仰也可能並非永久不變。」[3]

如果前現代社會是一棵根深柢固的大樹，後現代社會就是一隻蝴蝶。我們不再於定點扎根，而是四處飛舞。這種輪輻狀結構也反映出大多數人的經濟事實：我們往往不會像父母與祖父母一樣，待在同一個工作崗位四十年，而是四處游移，這份工作做幾年，那份工作做幾年。我們也傾向一次進行好幾個短期案子，有好幾位雇主。我們的人際關係，包括社交關係、親密關係、宗教關係，都是在靈活而非穩定中前進。如佩斯科索麗多與魯賓所說的：「自由與選擇在今日達到了前所未見的規模。」[4] 更重要的是，你可以捨棄某一部分的緣分，改從其他來源獲得足夠的支援。你可能不再與大學時期的朋友聯絡，卻在鎮上交了一群新朋友，所以一切安好。

這種社會結構有趣的一點是，維持緣分的壓力多半落在個人身上。佩斯科索麗多與魯賓指出，後現代社會「需要丈夫與妻子、雇主與員工、教士與會眾之間的持續協調」。這聽起來壓力還真不小。他們還說：「社交關係不再理所當然，如果缺乏關注，便容易無以為繼。某些情境甚至可能為那些緣分或個人維持緣分的能力造成壓力。由於缺乏支撐社交生活的關係網絡，所以社交關係在某種程度上是脆弱的。」[5]

各位，我對這些發現心有戚戚焉。如果你感覺自己得要獨力撐起整個社交網絡，那可能不是你自己的想像，那股壓力確實存在。

沒錯，我們是這種輪輻模式的中心，也擁有前所未見的靈活度，能夠任意選擇要與誰結緣。但我們也必須擔起自己人際網絡的全部責任，而其中的不同圈子多半並未交疊。那表示，任何人都分擔不了我們提出邀約或找理由與他人相處的重擔。在輪輻模式中，我們必須自行提出維繫友誼的理由，必須向彼此說明友誼繼續的原因何在。沒有什麼神奇力量或封閉社區將我們的友誼緊密相繫在一起。我們必須自行為友誼創造意義，必須認分地重建緣分。

我在費城的寫作圈友人，不認識我在紐約市的大學朋友；我的大學朋友也不認識我在芝加哥的高中同學。他們都是互不相干、各自為政的城邦，不是連貫的一體。友誼的流動性與這些圈子的短暫性之所以存在，是因為我們的社會是流動性高而短暫的，友誼自然也反映出這一點。在這種輪輻模式體系下的生活，導致了有別於先前世代的特殊煩惱。

「社交生活的選擇自由，增加了疏離、孤立、破碎的可能性。『落入縫隙（被遺漏、忘記）』的風險很大。」[6]佩斯科索麗多與魯賓寫道。當你的社群碎裂甚至不存在時，便可能會給你這種感覺。

珍妮的經驗

珍妮覺得自己有一百個朋友，卻又像半個朋友也沒有。「有時候，我覺得自己與某一群朋友特別有緣。我感覺他們看見、聽見、了解並欣賞我。但其他時候，我卻覺得孤單，被忘得一乾二淨了。我沒有朋友住在自家附近、能時常見面，這很令人灰心。」

她在人生不同階段都交了很多好朋友：童軍營、高中、大學、研究所、鄰居等等。但這些圈子分處不同地方，沒有交集。她很羨慕有些朋友擁有當地的女性朋友、夫妻朋友、家族朋友和其他這類朋友。

「我覺得自己到哪裡都沒有那種朋友。」她說道。她連平常的星期五晚上要找誰一起度過，都覺得為難。她在住家方圓八公里內，沒有任何親密的老朋友。

「那真的差別很大。因為我看別人在自家附近都有很親密的朋友，或是有學校的朋友，我羨慕得不得了。」她必須提醒自己，她也有朋友，只是……不在她身邊罷了。

「我知道自己確實有重要的朋友，但他們不在我身邊。」她說：「這感覺真的很難受。」她總是在尋找新朋友，但缺乏呵護新友誼的心力。

「我想要有人可以約出去一起吃飯，一起聽演唱會，諸如此類。」她說：「我是要選擇始終忠心耿耿，但沒有能力定期來看我的老友呢？還是可以時時來看我的人呢？但我連我們有沒有辦法成為中短期的朋友都不知道。那要下很多工夫和心力。」

去交新朋友吧！

如果你不清楚要到哪裡去交朋友，其實他們就在你身邊。

依據「美國生活調查中心」（The Survey Center on American Life）在二〇二一年五月發表的報告，[7]人們通常透過以下管道結交好友：

- 職場
- 學校
- 透過現存的朋友圈
- 透過住在附近的好友
- 宗教禮拜場所
- 自己所屬的社團或組織
- 透過孩子的學校

有時候，我們保持友誼只是因為自己為此花了很多時間。事實上，這份調查詢問受訪者是什麼因素使某人成為他的知己時，最常見的回答是認識很久。我們通常是根據你認識這個人多久、他是否陪你度過人生的起起落落，而默認對方是知己。

當然，如果朋友很清楚你人生的各個階段，那確實難能可貴。他們知道你的背景、你家有哪些成員、你面臨過什麼挑戰、你有哪些功績。還記得前面提到要多久時間才能成為好友嗎？要兩百個小時以上的共同活動。因此，時間的投入至關緊要。但你可能發現了，認識很久的老友未必就是你永遠的最佳拍檔。

達特茅斯學院社會學家珍妮絲・麥克比（Janice McCabe）分析美國中西部學院六十七名不同種族與階級的學生後發現，他們的個人友誼網絡可分成三大類型：水乳交融型、左右逢源型、蜻蜓點水型。每種類型的人都各有其自由與壓力。[8]

◊水乳交融型

這類型的人擁有緊密的朋友圈，圈子裡的所有人幾乎都認識其他人。因此，這類人際網絡就像一團毛線球。黑人與拉丁裔學生多半屬於此一類型，因為在以白人為主的校園中，他們能從彼此身上找到避風港。

・**優點**：強而有力的社交支援。這類型的人認為彼此是家人，相處很自在。無論在學術還是社會層面上，這種水乳交融型的「毛線球」團體會發揮相互扶持、激勵的力量。比方說，如果該團體的人多半重視學術成就，這種態度就會感染所有其他人。

・**缺點**：反之，如果大多數朋友對學校課業不感興趣，團體中的其他人就可能受到負面影響。以上面的例子來說，有些團體成員會覺得朋友「老是」干擾他們用功。

◊左右逢源型

這類型的人有多個以二到四人為主的朋友圈，各圈子中的人認識彼此，但往往對另一個圈子一無所知。這類型的人會與來自家鄉的朋友去看電影、出去玩，和學校的朋友一起讀書等，其人際網絡的圖示就像領結（好可愛！）。調查中的白人學生多半屬於這種類型，不過也有例外。這類型的人能從不同朋友圈中獲得一般的社交與學術支援。

・**優點**：學生們可以在「享樂」的朋友圈和「支持」的朋友圈間來去自如。調查中的一名左右逢源型黑人學生溫娣，在主修課的一群黑人朋友中找到了助力，她認為是這群朋友促成了她在校園的社交成功。

・**缺點**：調查發現，有兩個以上朋友圈的人，容易認為自己在時間運用與身分認同上有壓力。這些朋友圈能給他歸屬感，讓他感覺安全自在，但維持與不同圈子的社交往往也帶來許多壓力，「每多增加一個朋友圈，就多一分壓力。」

◇蜻蜓點水型

這類型的人從不同地方各自結交一、兩個朋友，但這些朋友彼此之間互不相識。這種個人網絡的圖示就像雛菊。這類型的人涵蓋的階級與種族背景最廣闊，但朋友圈也最鬆散。一名受訪者史提夫指出，他會與某個人在特定地點、社團或事件中碰面，然後周而復始。他的朋友很多，但他並未感覺自己獲得了任何社交助力，反而覺得孤單。

・**優點**：蜻蜓點水型的人通常自立自強，在學校表現出色，依賴朋友的地方不多。對他們而言，朋友是一起找樂子的人，但對他本人的影響不大。

・**缺點**：這類型的人最獨立，但處境也最脆弱。只有這類型的人把友誼描述成「令人失望」。麥克比發現，這類型的人所表達的孤單感最強烈，也最缺乏社交支援。從他們的朋友圈缺乏凝聚力來看，不難理解這一點。他們「缺乏水乳交融型的全面網絡所提供的寬度與深度，也沒有左右逢源型的多個朋友圈所提供的充分支持」。因此，基本上是最糟糕的一型。

「水乳交融型有社交支援的好處，但要留意不要被朋友分了心，或因此影響了課業。」麥克比寫道：「左右逢源型能從不同朋友圈中找到社交與課業活動之間的平衡，蜻蜓點水型則在課業上成功，社交上則往往感覺孤立。」[9]

當然，上述結論是得自一小群樣本，但不同社交網絡類型的概念，有助於我們理解為何對自己的朋友圈產生某些感受。

擁有雛菊型社交網絡的人，可能是整個現代友誼議題中問題最大的人，因為他們跟珍妮一樣，雖然有朋友，但朋友都不住在附近，而不同圈子的朋友也都互不相識。

儘管上述結果是聚焦於就讀大學的成人，仍有助於我們思考大學後的人生階段。在麥克比訪談這群受訪者五年後，她發現，大學畢業後的年輕人，其社交網絡不再像大學時期差別那麼大，但仍能發現各類型的殘存差異。例如，「左右逢源型仍是左右逢源型，水乳交融型通常仍是水乳交融型，但蜻蜓點水型大多也變成了水乳交融型。」[10]

成年後，我們有可能化為同樣的模式。如果你活躍於宗教社群，很可能你的所有或大部分好友都上同一間教堂或猶太教堂（水乳交融／毛線球型）。你可能會跟職場上的朋友出現在某個地方，與相互競爭的舞友出現在另一個地方（左右逢源／領結型）。或者，你可能會分別與來自人生不同領域的各路朋友出遊，而他們彼此素未謀面（蜻蜓點水／雛菊型）。

友誼專家傑佛瑞・霍爾（Jeffrey A. Hall）博士希望你知道的一點是，如果你的社交網絡破碎，由此產生的孤單感並不是你的錯。這位堪薩斯大學傳播學教授很清楚，給予人們建立並培養友誼的建議，會使人們期待自己能夠處理那些超乎個人能力的問題，但他不想責怪那些孤單或沒有朋友的人要為自己的處境負責。

霍爾博士對我說：「我不想讓人們認為，他們是造成其自身問題的禍首。因為事實是，我們所處的環境對每個人來說都是一場搏鬥。有些人必須比其他人更努力。許多人的處境並不是他們自身的錯，他們情非得已，而我們必須拿出同情心來體諒他們。他們並沒有做錯什麼，問題出在我們所置身的世界。」[11]

了解這些社會學力量是賦予人力量的第一步。如果社會並未給予我們夢寐以求的社群，我們就要自行創造。那是高中時代歷經的龐克浪潮給我的教誨。我們是社群中的怪人與邊緣人。所以我們聚在一起，做出一番大事業。你也辦得到！任何人都辦得到。如果你的社交網絡屬於雛菊型，卻覺得並未滿足自身的需要，那麼，也許你能激勵自己創造出毛線球或領結型網絡。只要有渴望，人就有希望。

練習　辨識你的現實生活社交網絡

你是水乳交融／毛線球型、左右逢源／領結型，還是蜻蜓點水／雛菊型？

・小時候，你的社交網絡通常是哪一種（請選一個答案）：毛線球型／領結型／雛菊型。

—你對擁有這種社交網絡的感覺如何？

優點：

缺點：

・高中時，你的社交網絡是哪一種（請選一個答案）：毛線球型／領結型／雛菊型。

—你對擁有這種社交網絡的感覺如何？

優點：

缺點：

・大學時，你的社交網絡是哪一種（請選一個答案）：毛線球型／領結型／雛菊型。

—你對擁有這種社交網絡的感覺如何？

優點：

缺點：

・大學畢業後，你的社交網絡是哪一種（請選一個答案）：毛線球型／領結型／雛菊型。

—你對擁有這種社交網絡的感覺如何？

優點：

缺點：

．二十多歲時，你的社交網絡是哪一種（請選一個答案）：毛線球型／領結型／雛菊型。

—你對擁有這種社交網絡的感覺如何？

優點：

缺點：

・三十多歲時，你的社交網絡是哪一種（請選一個答案）：毛線球型／領結型／雛菊型。

—你對擁有這種社交網絡的感覺如何？

優點：

缺點：

・四十歲以後，你的社交網絡是哪一種（請選一個答案）：毛線球型／領結型／雛菊型。

—你對擁有這種社交網絡的感覺如何？

優點：

缺點：

從你寫下的答案中，思考哪一種社交網絡最能令你感覺快樂，最支持你。哪一類社交網絡讓你感覺孤立無援？花時間思考你這輩子擁有的人際網絡，有助於你找出最適合自己的類型，或許還能讓你了解自己最常見的社交問題是什麼。比方說，也許你會了解到，如果自己大學時不是雛菊型而是領結型網絡，當時就不會那麼苦苦掙扎，而能像現在這樣充實愉快了。

我希望藉由追溯過去的人際網絡類型，你能多獲得一些關於自己的新資訊，還能以新語言了解這些不同類型的友誼網絡如何運作。也許早年你偏好毛線球型網絡，因此，當你思考現今哪種類型的友誼網絡適合你時，或許會想尋求較偏向毛線球型的社群。也許你會了解到，那些毛線球型網絡讓你處處受制，所以更偏好靈活的領結型網絡。

下一章，我會說明如何找出志同道合的人，來充實你夢寐以求的社群。了解我們為何選擇與目前的朋友往來，便是給自己一個最佳機會去建立有意義的善緣。

友誼本來就是撲朔迷離的，因為人類就是如此撲朔迷離。身為物種，我們並不總是那麼容易預測或講究邏輯。我們知道自己應該運動，但還是整天躺在沙發上不動。我們知道自己應該少吃點糖，卻還是忍不住從冰箱拿一片薄荷巧克力餅乾來吃（依個人淺見，冰過的更好吃）。人性就是如此。

此外，友誼就跟健康的生活習慣一樣，要從小地方慢慢累積而成，大聲嚷嚷是沒用的（肌力訓練的強度再高，如果只做一次，也無法馬上練出結實的六塊肌）。友誼需要你時時留意，確保雙方的情感連結常在，滿足對方的需求與期待，同時留意朋友是否也滿足了我們的需求與期待。我們對彼此往往有很多需求與期待，只是沒有說出口。

如前所述，我們並不總是會做出最有益健康的決策，此外，我們也正處在不利於維繫友誼的歷史時期。儘管我們並不總是喜歡努力保持聯繫，但仍喜愛朋友。儘管要將精力耗費在密友身上讓你有點不快，但你「不是」一個爛朋友。雖然留言給朋友是容易又便宜的事，但矛盾的是，也許正因為傳簡訊或語音訊息太過容易，所以往往感覺並不特別或充滿意義。那是交談的開胃菜，不是豐盛的主菜。

現今溝通交談的管道多到令人眼花撩亂。你是要傳簡訊、打電話、寫電子郵件或私人訊息、使用視訊，還是留語音訊息？這著實令人發狂。猜想何時聯絡最好，很令我煩躁。是早上傳簡訊好，還是下午打電話好？是要在半夜放出信鴿好，還是等朋友放煙霧信號彈給我好？如果朋友都沒有回應，我怕自己會顯得可憐、煩人，或感到失望。明明是簡單的事，卻可能激起不少焦慮。

交友的第一條法則是，不要使用「應該」這個字，因為這個字並不實用。我們有可能聚焦於事情「應該」如何才理想，而非思考事情的實際狀況，最後落得失望收場。

「選擇理論」與我們擁有的朋友

心理醫師威廉．葛列什（William Glasser）在《是你選擇了憂鬱》（*Choice Theory: A New Psychology of Personal Freedom*）一書中指出，所有行為皆有目的：「從出生到死亡，行為就是我們唯一能做的事。」[1]所有行為（或我們的整體行為），是由四個密不可分的要素所組成的：行動（走路、說話、吃飯等）、思考（評價）、感受（痛苦、愉悅）、生理（心臟的跳動、肺部的呼吸、神經化學作用）。這四種要素同時發生且息息相關，組成了活生生、會呼吸與思考的人類。

撇開自動的身體反應不談，我們需要知道兩件事：一、我們可以掌控自己的行動與思維；二、我們總是試著在特定時刻做出最佳選擇，但最佳選擇未必是健康或良好的選擇。葛列什將這種選擇的概念稱為「選擇理論」（Choice Theory）。

遲遲不打開國稅局的信、睡前不停滑手機看負面新聞、好奇前任情人在做什麼等等，我們的一切行為都能歸結為以下幾個內在理由，葛列什稱之為五大「基本人類需求」：[2]

- **生存**：感覺自己的生存安全而穩當，包括保持整體健康、擁有遮風擋雨的地方、獲得足夠的營養等。
- **愛與歸屬感**：渴望與朋友、家人、情人、同事、寵物與其他團體產生連結，這包含著感覺被愛、被珍惜的心理需求。
- **力量**：包括發揮影響力、達到目標、擁有健全的自我價值感等需求。我們想要感覺自己重要、能幹、受人尊敬，而且自己的努力多少能改變世界。這種需求能加強我們的自尊心，表現出我們想留下恆久遺澤的欲望。
- **自由**：擁有獨立性，能在世上無拘無束地自由活動。創造力與自我表達也屬於此類需求。這種需求能給人獨立自主的感受。
- **樂趣**：玩樂、尋找快感、放鬆、學習。

上述需求是普世皆然的，意思是人人皆有。即使是送信給你的郵差，以及在美妝網站上為你搭配粉底顏色的女士也不例外。這五大需求遍布在人類經驗中，而且可能彼此交疊，時時刻刻在改變，或與其他人的需求產生衝突。比方說，我需要在工作中尋求樂趣，但老闆的需求卻是與員工維持專業的關係。

我們所做的一切，都是以當下所能獲得的資料與技巧來滿足所需的最佳嘗試。必須指出的是，延後滿足這些基本需求還可以接受，但完全缺乏就不行了，而能決定這些需求是否真正滿足了的人，唯有我們自己。

雖然人類都擁有這五大需求，但滿足需求的方式因人而異。選擇理論的第二部分指出，我們對人、事物、觀念、理想，都各有一套自認為能提升人生品質的個人願景。葛列什將這幅願景稱為我們的「優質世界」（Quality World）。我們的個人動機，像是為何愛這個人而非那個人、為何走上這一行而非那一行等，都是為了盡力使自己的優質世界成真。

例如，在基本層次上，你需要愛與歸屬感，但你不會為了滿足這個需求而與街上碰到的任何人結婚，而是會選擇特定對象，因為這個人是從長遠來看最可能滿足你需求的人。同理，就算你很餓，也不會看到東西就往嘴裡塞，而是會選擇特定的食物，像是爽脆的蘋果、撫慰人心的巧克力餅乾，讓你能更接近自己的理想世界。

現代生活就像芝樂坊餐館（Cheesecake Factory）的菜單，菜色多得令人眼花撩亂（它的菜單長度簡直就像是員工訓練手冊）。面對連鎖餐廳那琳瑯滿目的菜色，我們必須決定要點什麼。我們的心情、胃口、食物偏好、荷包等等，無不影響著最後的決策。某個人點烤鮭魚，是因為鮭魚有益心臟健康；另一個人點檸檬覆盆子乳酪蛋糕，則是因為當天是他的生日。在同一家餐廳裡，每個人點菜都出自不同的個人理由，不過說到底，大家都渴望讓心中的優質世界成真。

我的觀點是，葛列什的選擇理論架構也適用於交友網絡。你可能會根據當下的你最重要的基本需求是哪種，而想靠近或疏遠某些朋友。當你餓了，生存需求會變得至關緊要，你會停下手邊的事，先填飽肚子再說。孤單的時候，你不會看電視，而是會興起打電話給朋友的念頭。選擇理論還以其他方式影響著你的決策：

- **生存**：理想上，人們工作是為了追求生活安穩。朋友圍在身邊能給你實際協助，也許能陪你去看醫師、幫你帶小孩等。當你感覺壓力很大時，朋友卻沒能為你卸下一些重擔，你可能會降低他們在你人生中的重要性。
- **愛與歸屬感**：如果朋友愛你，視你為其人生的一部分，就滿足了你在這方面的需求。因此，你可能會遠離批評或疏遠你的朋友。歸屬感讓你感覺自己和自己的感受很重要，有人關心並照顧著你。
- **力量**：你認識什麼人，往往決定著你的工作機會；人脈是生涯成功的關鍵，原因就在於此。

你親近某些朋友，也許是因為他們有能力把你介紹給其他有力人士，或協助你獲得某些專業機會。從另一面來看，也許你與朋友有某種關係角力，朋友總是給你不請自來的忠告，以對你維持某種程度的影響力。

- **自由**：這種需求說明了你表達自我與創造的內在渴望。你可能會疏遠某個愛評判你，或要求你以某種有違你的獨立感的方式相處的朋友。如果你認為自己和某個人的相處很自在，那代表他們能令你感覺自由。自由的感覺就像是把頭髮染成粉紅色、參加同志遊行或追逐遠大的夢想。藝術創作、唱歌、繪畫、寫作，都需要這種自由。
- **樂趣**：還有什麼事比和夥伴們一起找樂子更好？但你也明白，有時朋友不只是一群找樂子的猴子，他們還可能令你疲憊不堪，或彼此摩擦不斷，導致你可能想疏遠某些朋友。那種不經大腦、沒完沒了地嘮叨另一半沒用的朋友，總是陷入一個接一個麻煩的朋友，對你的工作成就提不起興致、只顧著談自己的朋友等等，相處起來可能都不是很愉快。如果「樂趣」這個因素無法被滿足，你可能就會疏遠他們。

為何人們要交朋友？

葛列什提出的生存、愛與歸屬感、力量、自由、樂趣這五大需求，符合了阿帕斯托勞與克拉瑪里在二〇二〇年研究人們為何交朋友時的發現。[3] 人們交友的理由如下：

・**社會協助與忠告：**身邊有人可以給予協助與忠告。

・**伴侶：**擁有穩定的愛情伴侶。

・**職涯：**更能在工作環境中合作，協助他們在專業上成長。

・**嚮往的特質：**與擁有可靠、正直等正面特質的人往來。

・**社交：**與其他人交流，以免感覺孤單。

有趣的是，上述理由也跟選擇理論所辨認的五大基本需求有關。我們為何選擇與眼前的朋友為友，其實沒有神祕之處。也許你從未認真想過為何一開始你要選擇與他們結緣，但其中往往交織著多種心理因素。

各位，我只是要說，友誼是多種因素合力促成的結果。

異性間的友誼

我二十多歲時有幾個像好哥兒們一樣的男性密友。我們陪彼此度過了二十多歲年輕人的起起伏伏，例如換工作、生活壓力、心碎等等。但過了三十歲以後，一對一出遊的情況減少了，問候的簡訊沒獲得回應，我歡快的電子郵件（「老兄，我好想你啊！好久不見了，我想見見你，找機會見面吧！」）只收到數位訊息寄出的聲響。這些友誼在不勝唏噓中落幕，令我不解與心痛。我從未想過這些哥兒們最終會消失無蹤，畢竟我們是如此親密地扶持彼此走過了十年歲月。就像《慾望城市》（*Sex and the City*）中的凱莉，我禁不住好奇他們抽身離開的原因何在？

依據英國人類學家及演化心理學家羅賓・鄧巴（Robin Dunbar）擔任共同作者的一份二〇一六年研究，大多數成人在二十五歲以後會甩掉朋友，男性甩掉朋友的機率又稍高一些。[4] 不過，我與女性朋友的友誼變淡往往是有原因的，例如生活方式不合拍、工作與個人目標改變等，但我與男性朋友絕交時，卻是完全摸不著頭緒。我們仍喜歡做同樣的事，像是喋喋不休地抱怨工作、討論少有人知的獨立電影、熱中於美國國家航空暨太空總署（NASA）的最新發現等。就我所知，我們對彼此仍有感情，所以我無法理解為何這些哥兒們一個個離開我。

美國生活調查中心在二〇二一年主持的一份調查發現，僅有四十三％的已婚女性，以及五十四％的已婚男性表示，自己擁有一位異性密友。[5] 與此同時，在未婚的單身女性中，有近三分之二的人說她們有一位男性密友。顯然婚姻是大多數的異性友誼所無法克服的障礙。

夏絲塔・妮爾森（Shasta Nelson）是人際關係專家，著有《親密的朋友：如何為一生的健康與幸福加深友誼》（*Frientimacy: How to Deepen Friendships for Lifelong Health and Happiness*），她明白這些

友誼生變的情況令人痛心。她說，其實絕交帶來的傷痛，往往更勝於走到盡頭的愛情：「更複雜的是，友誼的結束往往不像約會結束那般一清二楚，因此那種傷痛更是令人困惑不解。」[6]

談到跨性別友誼，妮爾森說，她最常聽到的兩大挑戰是：一、能否鼓起勇氣與異性朋友真誠地談論彼此的共同意圖與期待，以確保雙方有共識；二、當一方或雙方與他人談戀愛時，懂得如何在這段異性友誼中拿捏分寸。

依據妮爾森的說法，男女之間的柏拉圖式友誼往往令人懷疑，因為許多女性「得知男友有女性密友時，往往會深感威脅」。對於像我這種與順性男（cis-male，譯註：指生理和性別認同上都是男性的人）擁有柏拉圖式友情而容易掀起疑雲的女性，以及對伴侶有其他女性密友而感到不自在的女性來說，這都是令人不愉快的事。我們在這場角力中都是輸家。

梅莉莎的經驗

梅莉莎是育有兩名子女的四十一歲母親，她對前述現象有第一手經驗。二十多歲時，她的哥兒們帶她瞥見了另一個世界：「當我約會不順利或被甩掉的時候，哥兒們會精準又有條理地向我解釋事情的來龍去脈。他們會把我帶離他們已經看見的泥沼。」

但到了三十歲前後，她的異性友誼逐一瓦解。「我們眼見彼此與希望共度一生的人約會，卻無法使友誼調整適應此情況。」她回憶道。

海莉耶塔的經驗

海莉耶塔是三十二歲的紐約市記者，從二〇〇七年便與卡爾成為好友。他們上同一所大學，並在當地電視臺實習時重逢。在十三年的友誼後，卡爾開始與新女友約會，但這位新女友看見了海莉耶塔傳來的手機簡訊後，卡爾和海莉耶塔便驟然斷了聯繫。

「我與卡爾的關係從來就沒有什麼性慾成分，也不摻雜任何利害關係，所以她其實沒什麼好擔心的。」海莉耶塔在電子郵件上說：「我猜她是覺得受到威脅，而卡爾很擔心失去她，所以覺得切斷十多年的友誼是更好的選擇。」

傑佛瑞・格列夫（Geoffrey Greif）博士是《哥兒們系統：理解男性友誼》（*Buddy System: Understanding Male Friendships*）作者暨馬里蘭大學社會工作學院教授，他指出，三十歲前後的伴侶所要面對的最大問題是：他們要如何運用餘暇時間？在朋友、情人、孩子、其他雙雙對對的朋友與獨處之間，他們必須有所選擇。

格列夫在訪談中表示：「如果我要甩掉某人，而且我的餘暇不多，那我會甩掉對我的婚姻可能造成最大麻煩的那個人。」[7]如果你是順性男，「那也許就是某個女性（的友情）吧。」

格列夫博士指出，當關係——無論是柏拉圖式關係與戀愛關係——每況愈下，大多數男性會選擇離開，因為他們並沒有社會化到會為友誼奮鬥。因此，當他們與女性的友誼出現問題時，他們根本不知道該如何是好。

「我不清楚男性與男性朋友絕交時，是否會很熟練地進行最後的談判，但他們與女性朋友確實不會。我們大多不會有那類談話。」格列夫博士說：「我們會讓事情慢慢淡化，以某種方式拖到最後。」[8]

也許我的哥兒們不是因為覺得我們的友誼毫無價值才拒絕了我。他們可能只是難以開口討論，以免醜化了他們的情人。與其冒險與我和他們的新伴侶起衝突，他們選擇以伴侶的感受為優先，將我們的友誼擱置一旁。

所以說，這類異性間的友誼從一開始就注定失敗嗎？是否在我們三十多歲時穩定下來後，友誼就會瓦解？貝絲塔．妮爾森不這麼認為。「我們的人際關係隨著人生階段而起伏是很正常的，雖然彼此不再像以前一樣時常聯絡，但未嘗不能創造出一種新常態，長久下來仍能成為彼此有意義的支柱。」[9]

對於察覺到異性友誼變淡的人，妮爾森鼓勵道：「我認為最重要的是，要記得友誼分成很多層次，可以分為一到五級。要記得這個可能性：當友誼不再是第五級，不代表它從此就退回到零級。也許我們會傷心彼此失去了第五級的親密感，但保持在第三級就要感恩了，也要明白有一天這個等級可能還會再改變。友誼的意義不是在於全有或全無，也不必永遠不改變。」[10]

當朋友沒那麼簡單

心理學家尤金・甘迺迪（Eugene Kennedy）曾寫道：「當朋友沒那麼簡單。你要成熟自律，而且即使疲於努力，仍要樂意理解對方。」

西方文化鼓勵我們先解決自己眼前的需要再說。面對琳瑯滿目的資訊時，我們有無限多種運用方式。例如，我寫到這裡時，正開著一個瀏覽器，我很滿意那客製化的瀏覽器上，成排列出了我最愛的所有書籤，我還一邊使用串流音樂平臺來聽最愛的爵士樂清單。

但友誼並不是這類可以高度操控的體驗。友誼需要承諾與自我欲望的昇華。有時候，我們必須先考慮他人的需要，往往還要考量對方的局限與偏好。但尤金・甘迺迪主張，我們應忍受這些不適，因為這種交易是值得的。「藉由友誼傳達的自我感受是無與倫比的。」他寫道，並將友誼稱為「情感的奇蹟，使我們潛入那奧祕的核心，將世界展現在我們眼前」。[11] 很美吧？讀完這段話，我的第一個反應是：「好，我相信你。我也想要擁有情感的奇蹟！」然後我的心開始在「奧祕」上打轉。甘迺迪說的奧祕是什麼？

我的理論是，這個奧祕之所以是奧祕，一部分是因為成人友誼沒有什麼正式的儀式。在戀愛關係中，你們會公開討論彼此的狀態（我們是在約會嗎？我們對彼此是特別的嗎？你會與我結婚嗎？）與名分（男友、女友、配偶、丈夫、妻子、伴侶等）。但友誼中沒有這類「突然冒出的問題」。

大多數人根本不曾體驗過那種正式感。對於朋友要在人生中扮演何種角色，這種含糊性有可能讓人困惑不解。

過去是否也有人稱呼你為他的眾多好友之一，但你的心裡卻在想：「真不知道你怎麼會這樣想！」由此來看，成人友誼是人生中的特例。我想不出比這更模稜兩可的關係了。我的姊妹知道她們是我的手足；我丈夫知道我是他的妻子；但是，有誰把我當成他們的密友，我卻毫無頭緒。真詭異，對吧？我們渴望穩定、積極、有往有來的友誼。但我們對此卻沒有更正式的安排。

釐清友誼的狀態

由於我們的大腦討厭不確定性，所以告訴朋友「你把他們當成朋友」，是很重要的事。不清楚事態會令我們壓力重重；當大腦遇到不可預測的情境，就得耗費額外的精力去因應。理解未知會使荷爾蒙濃度變高，心率變快。時日一久，這種慢性壓力不利於健康，會增加心血管疾病與健忘的風險。

關於彼此關係的一切疑慮，也會導致我們沒有先弄清楚是否合理，便對朋友懷有過高的期待（詳見第十三章）。如果你們從未好好溝通彼此的期待，便容易感覺心痛與受傷。但這種疑慮也不是任何人的錯，而是我們的文化看重職涯與家庭，將親愛的友誼視為次要而造成的缺點。

正如第一章所舉例的日本撐竿跳選手，釐清事態才能解開一切。比利時時尚設計大師黛安・馮・芙絲汀寶（Diane von Furstenberg）也明白這一點。「釐清事態就像園藝中的修枝，你得看清楚再下手。」她說：「如果不弄清楚，事情就不會發生。你必須目光清晰，對自己的視野保持信心，然後投入大量心力就對了。」[12]她的這段話或許不是針對友誼而說的，但借用我祖母常說的話，她「錢算對了（說得沒錯）」。你必須釐清自己為何渴望與某些人成為密友，而非與其他人？為何友誼不順利？你要如何給友誼在多年後開花結果的最佳機會？

你在社群媒體上看見朋友歡聚的場面時，或許會留下人人都與朋友相處愉快的印象，你會想著，他們都能設法與朋友保持積極穩定的往來。那我的問題出在哪裡？然後開始為無法挽回的局面大哭。

聽著，友誼對每個人來說都是一團亂麻。即使是最親密堅固的友誼，也有碰到挑戰的時候。友誼是含糊混亂的，也是脆弱多變的。但友誼的起伏往往有跡可循，前述的選擇理論與我們獨特的「優質世界」概念，便已充分說明了這一點。

無論我們如何選擇朋友，一旦擁有友誼，珍惜緣分並留出時間與空間來照料它，就成為一件重要的事。善加拿捏分寸，是使友誼長久的關鍵。而維持平衡的一個方法，就是辨認友誼的等級，以此調整往來的優先順序。這便是下一章要深入探索的內容。

Chapter 05

流動的友誼等級：澡盆、按摩浴缸和游泳池

我們的文化喜歡談論自我照顧。你不再安排早午餐約會了？那表示你騰出了給自己的時間。你為了獲得片刻安寧，把手機調成飛航模式？那你真是個自我照顧高手。但矛盾的地方在於，如果你為了照顧自己而打消每個計畫（或回絕與每個人的約會），那你要朋友如何感覺到自己對你來說很重要？

也許真實地做自己，以及保持朋友的情感聯繫之間，有更好的平衡方法。要做到這一點，你必須先辨認朋友的等級。從一輩子的人我互動中，你可能早已知道，不是所有友誼的強度都一樣。如果都一樣，那就太……不尋常了。大多數人都享有強度不一的友誼。有些友誼是一道擁有自身密語的雙重火焰；有些友誼僅限於在街上碰到時點頭示意；這兩類之間還有各種不同等級。

你知道有一種可分成兩半的心形密友項鍊嗎？戴那種項鍊也未必能使友誼長存。很抱歉，我必須老實告訴你們，整體來說，友誼不是一顆心分成兩半。那是天方夜譚，沒有人達得到那種高

標準。更好的友誼項鍊應該是披薩形狀，依據人生中發生的事，分成大小不一的幾塊，但我想，珠寶業不會做到這種程度。也許它還可以做成立體投影圖像，但我只是說說罷了。

本書一開始描述了分享奧運獎牌的友誼故事，接著對我們沒有釐清友誼而造成的困惑表示遺憾。我的建議是，我們應該提出一個截然不同的問題：我們可以將朋友分成不同等級，而不是按照名次排列嗎？

你的年紀是否大到記得社群網站「聚友網」（MySpace）的「Top 8」是什麼呢？如果你不知道，請容我快速地簡述一下：Top 8是指你可以在自己的聚友網個人資料中，選擇要不要公開顯示你的前八個最佳朋友。在真實生活中運用這種模式，也有助於你排出朋友的優先次序；然而，那也會減少不常見面的朋友的重要性。

你可能也想排出朋友的名次，彷彿你置身於某一集的《頂尖廚師大對決》（*Top Chef*）或《我要活下去》（*Survivor*）。

貝絲的經驗

「我的朋友就是我的盟友、啦啦隊、心腹、榜樣、講真話的人，亦師亦友。」貝絲說：「我很感謝他們，因為他們在很多方面協助我達到了超乎自己預期的成長。」她感覺家人或伴侶並不是總是完全了解她，幸好，不同的朋友圈彌補了這一點，他們與她享有其他相同的嗜好、興趣或幽默感。「我相信，那種穩固的緣分，也有助於我成為更好的女兒、姊妹、伴侶與同事，因為減少了那些（部分非出於自願的）關係中的壓力。」

有些人覺得朋友就像花園或同心圓。我則傾向同意克里斯帝安·朗坎普（Christian Langkamp）的觀點。他在《務實的友誼》（*Practical Friendship*）一書中鼓勵我們欣賞朋友扮演的不同角色，並承認排出朋友的名次是一件誘人的事。

但朗坎普博士鼓勵我們思考友誼的完整幅度。友誼不能是自我中心的，而必須是互惠的。我們期待密友在自己低潮時關心我們，但我們也必須有所回報。我們的朋友是自己選的，但也要他們選中我們才行。

與其給朋友排名、打分數，或拿來與其他朋友比較，朗坎普博士認為，聚焦於他們為我們扮演的角色，再依此排出先後順序，可能更有益處。羅賓·鄧巴博士從小型社群得出數據分析後，辨認出了由層層緣分構成的朋友圈有哪幾種類型。[1] 以下將這些不同類型重新劃分為幾個等級，以強調這些群體的流動性。

你最內圈的朋友通常僅有一、兩位，他們是你的「澡盆之友」（Bathtub Friends）。鄧巴博士發現，如果妳是女性，妳的澡盆裡很可能有重要的另一半和一位密友。如果你是男性，你的澡盆裡很可能只有你重要的另一半。我討厭對性別一概而論（例外永遠存在），但這就是鄧巴博士的研究發現。稱呼這群人為你的「澡盆之友」，是因為傳統澡盆裡可擠不下多少人！他們是你花了至少兩百小時以上相處，比親密更親密的那一、兩個人。他們是你打電話告知你不妙的健康檢查結果，或是分享天大消息的對象。

其次是你無比珍惜的兩到五人好友，他們組成了你的「按摩浴缸之友」（Jacuzzi Friends）。鄧巴博士稱呼他們為「支持小隊」。這群朋友彼此之間很親密，熱線不斷，起碼與彼此相處兩百小時以上。他們是你尋求實際與情感支持的對象。你隨時都能打電話給他們。如果你贏得奧斯卡，這些人會是你在臺上拿著獎座時感謝的對象。

「游泳池之友」（Swimming Pool Friends）是你能「靠在肩上哭」的那十到十五個朋友。克里斯汀・拜斯（Christian Buys）與肯尼斯・拉森（Kenneth Larsen）這兩位科學家將這類朋友稱為「共鳴之友」。也許你們有共同的熱情或嗜好，或他們是你職場上的朋友、雙對約會的對象。你們信任彼此，你可能會請他們幫你照顧寵物、看家或當幾個小時的保母。他們是你相處過兩百小時以上，透露過某些敏感私事的對象。你們會談天說地，偶爾你會想到該去聯絡他們一下。

「營火之友」（Bonfire Friends）在你的聯絡名單上大約有五十位。你很清楚他們的基本資料，曾與他們相處一百小時以上。你從校園、職場到後來的生活中，可能隨時都有幾十個這樣的營火之友。

最後是一百五十位左右的「水上公園之友」（Water Park Friends），也就是鄧巴博士所謂的「婚禮與葬禮群」。這群人會現身在你一生一次的特別大日子裡。日子久了，他們有可能成為你的游泳池之友，甚至深化為按摩浴缸之友，流動性是很高的。

就像上好的威士忌或乳酪，友誼也需要時間來累積深度與層次。就我們所知，你大概要連續幾個月花兩百小時左右相處，才會與陌生人變成密友。這就是為什麼在學校或職場中很容易交朋友，因為與人共處幾十個小時易如反掌。離開學校、進入社會後，要累積那麼多時間就不容易了，所以友誼才容易告吹。你缺乏凝聚緣分所需的時間。

朋友可以從密友退回成普通朋友，甚至熟人，因為要花的時間與心力太驚人了。事實上，依據鄧巴博士的觀點，談戀愛至少會折損你的兩段友誼，因為你的優先順序改變了，朋友不再能隨時邀你聚會。當澡盆密友變成了按摩浴缸之友，也可能還會進一步淪落為游泳池之友。

練習　辨認朋友的等級

我們要努力釐清自己的朋友在哪個等級，以下來檢視你今日的朋友，辨認出哪些人是你要實踐「全心全意的友誼」的對象。他們是你要奉獻大多數時間、關懷與注意力的朋友：

澡盆之友（你最親密的那一、兩個朋友）：

按摩浴缸之友（那三到五個支持小隊的成員）：

游泳池之友（志同道合的那十到十五個朋友）：

以上就是你此刻的核心朋友圈。請謹記，等級是不斷變動的，朋友的等級會基於各種原因而改變。請每隔幾個月就回頭記下朋友的等級有無變化。這張表能幫你確認哪段友誼的處境健全、互惠且正常運作。他們是你優先奉獻心力與時間的對象。

面對失衡的友誼

幾年前，我曾為沃克斯（Vox）新聞網站寫過一篇談友誼失衡的文章，並與一位三十五歲的未婚女子克麗斯坦對談。她與密友瑪莉亞十二年的友誼在疫情期間生變，讓她快快不樂。兩人在那段壓力山大的恐怖時期有非常不同的體驗，克麗斯坦試著找出兩人的共同點，但對如何改善情勢卻毫無頭緒。克麗斯坦是一位舊金山的行為研究員，由於封城期間無人可傾訴，她感到孤立無援。

瑪莉亞與克麗斯坦同樣是三十五歲，住在洛杉磯。她的女兒才剛出生。每天，瑪莉亞都要面對身為新手媽媽與妻子的全新挑戰。克麗斯坦當然也料到了瑪莉亞需要一些時間來適應新角色，但她沒料到的是，就在自己最需要朋友的支持與愛的時候，她卻感覺瑪莉亞把她移到生活的外圍去了。

寶寶出生後，兩人試著保持聯絡，約好每兩週的星期天早上八點打電話聊一聊。起初，瑪莉亞遲接電話時還會道歉，但幾個月後，瑪莉亞乾脆不接電話了。「她真的忙不過來，所以就撇開我了。」克麗斯坦說道。由於瑪莉亞對電話約會總是失約，讓克麗斯坦的怨氣加深，她說：「我心痛地想著：『這段友誼走不下去了』。」兩人的友誼成了令人傷心挫折的漩渦。

我們從克麗斯坦的角度，來分析她們之間發生了什麼事。藉由勾勒大環境的問題如何影響這段友誼，可以準確找出友誼生變的原因，也許可望減少她的一些怨氣。

- **這對朋友目前的親密度：**由於克麗斯坦與瑪莉亞交談的機會變少，兩人從各自的按摩浴缸之友變成了游泳池之友，而且愈來愈接近營火之友。
- **克麗斯坦不易與瑪莉亞維持友誼的社會學原因：**瑪莉亞晚婚。雙方又經常搬家。瑪莉亞與孩子相處的時間比和克麗斯坦多。
- **兩人的友情備受壓力的人際原因：**由於生活環境的改變（瑪莉亞生了孩子，而且與克麗斯坦相隔兩地），兩人的往來不再如往日密切。
- **這段友誼與克麗斯坦在選擇理論中的五大基本需求：**克麗斯坦不需要瑪莉亞的友誼便能生存。事實上，兩人並不依賴彼此在實務面的協助。在兩人往來的大部分時候，瑪莉亞能給予克麗斯坦愛與歸屬感，但瑪莉亞在過去一年多來卻沒有這方面的貢獻。這段關係無法給予人在舊金山的克麗斯坦任何力量或社會地位，也無法加強她的自由感。最後，由於最近兩人的互動並不有趣，也沒有積極涵義，也難怪克麗斯坦考慮疏遠這段寶貴的友誼。
- **我們對這段友誼的洞見：**這段友誼陷入泥沼的原因很常見，不難理解。事實上，這種緊張可能是難免的。

對於克麗斯坦，首先我希望上述練習能協助她看見她的友誼正經歷某些重大挑戰，而且多半不是哪一方的錯。不難想見，這些都是長久的親密友誼會自然產生的變化。其次，我希望克麗斯坦能明白，她必須改變自己與瑪莉亞相處的方式。持久的電話約會不是保持兩人親密的要件。她們必須讓另一方放心，儘管沒辦法頻繁打電話，她們仍極為重視彼此。友誼的強度改變了，從按摩浴缸之友變成游泳池之友，甚至營火之友。身為新手媽媽的瑪莉亞，此刻需要的是靈活、肚量和理解。克麗斯坦則需要安心、善意與直接溝通。

對不同友誼等級的期待

最近，我傳訊息給一位高中朋友：「假期快樂！想你喔！」但過了一週後，我仍未收到回應。我開始想：她討厭我了嗎？她還想要這段友誼嗎？她不在乎嗎？

然後我意會到：我不屬於她會立刻回訊息的按摩浴缸之友，我可能只在「有空我再回訊息」的游泳池之友等級。也許我已經滑入了營火之友等級。然後，我心中升起一股平靜感，因為現在我知道該如何面對她了。

這就像你來到一家餐點不錯的餐廳，但上菜速度慢得讓人氣惱一樣。如果下次再去那家餐廳，我心裡就有個底了。也許我還會帶一本書去，這樣一來，如果我的烤乳酪要半小時才會上菜，我就不會那麼不耐煩，不會為了等上菜等到天荒地老而氣惱了；我已經調整了自己的期待。事實上，如果我點的菜比想像中上得快，那反而成了驚喜。

在我傳訊息的一週後，那位朋友才回覆說「抱歉久等」。我們愉快而隨意地聊了一會兒。我沒有生氣或為了她晚回覆而表現得太在意，因為我對自己是在哪家友誼餐廳用餐感到坦然，現在我知道如何看待我們之間的友誼了。不是它五年前的樣子、五個月前的樣子，而是現在的樣子。

坦然面對自己在友誼中的處境是很重要的。你們可能曾在某個時候是換帖兄弟或手帕交，但人生很複雜。環境會變，人也會變。接受你頂多是營火之友的現況，而這種程度的坦然接受能協助你調整期待，讓你和朋友有機會用適當的步調來增進友情。

練習 列出你現今的朋友！

我們來清點一下自己的朋友吧。不是十年前的朋友、去年的朋友，而是現今的朋友。請在以下問題中，寫下你在人生中所認識的人的名字：

今天的日期＿＿＿＿＿＿＿＿

誰最有可能在一小時內回覆你的訊息：＿＿＿＿＿＿＿＿

誰最有可能接你的電話：＿＿＿＿＿＿＿＿

誰最有可能逗你笑：

誰最有可能協助你解決工作的相關問題：

誰最有可能和你去新餐廳嚐鮮：

誰最有可能支持你的夢想與人生目標：

誰最有可能讓你睡在他家的沙發上：

誰最有可能與你一起慶祝節日：

誰最有可能激勵你：

誰最有可能給你實用的健康建議：

誰最有可能給你明智的愛情忠告：

誰最有可能給你健全的財務建議：

誰最有可能在一年內出現在你的人生中：

誰最有可能向你吐露祕密：

誰最有可能與你一起慶祝事業有成：

誰最有可能推薦你好看的電視／電影／音樂／播客：

誰最有可能與你安靜且自在地坐在一起：

誰最有可能推薦你看一本你會喜歡的好書：

誰最有可能與你談論政治：＿＿＿＿＿＿＿＿

誰最有可能在你需要時長久地擁抱你：＿＿＿＿＿＿＿＿

做完上述的練習後，思考一下你對列出的人名產生何種感受。你驚訝嗎？還是傷心？五味雜陳？感恩？看見孩子、長輩，甚至不算朋友的人出現在名單上，可能會令你十分驚訝。

為何我們擁有目前的朋友？

Chapter 06

我是個衝動的人。我的心血來潮、渴望與衝動，造成了各式各樣的慘劇，比如快見底的銀行帳戶、塞滿不合用的口紅的抽屜、在三州各地數十次的乏味約會。

但我會說，我的衝動也讓人生更有趣。高三時，有一次我假裝自己的隱形眼鏡刮傷了眼球，痛得我唉唉叫，不停眨右眼。我問老師可否准許我到廁所檢查一下，她當然批准了，因為我的演技精湛無比。

一離開教室後，我就在走廊上溜達，樂得甩掉單調的一天。閒晃了四分鐘後，我碰到一個熟人莎莉。我把自己幹的好事告訴她，她笑了出來，並問我週末有沒有計畫。鎮上有個龐克樂團表演，她很歡迎我去找她，認識她的幾個朋友。我說我很樂意，而那個決定（沒那麼戲劇化地）改變了我的一生。我不但與當晚認識的一個女孩成為密友，不久後也深深捲入了芝加哥的當地龐克浪潮。我開始每個週末都去看龐克樂團表演，並且在那裡遇見了初戀男友，還有各式各樣很棒的人，直到今日，我仍把他們視為朋友。

這一切全都是起於我心血來潮地假裝受傷。在這個例子中，我的衝動、樂意嘗試新事物的心態，為我帶來了益處。

但任性而為也讓我受過慘痛的教訓。幾年前，我還單身時，與密友茱莉亞的友誼崩裂了。我與茱莉亞相識不算久，不到一、兩年，但友誼進展飛快。我是在費城的一個家族派對上認識她，當時她穿得像一九六〇年代的法國流行明星：厚厚一片暗黑色瀏海、淡妝、奶油色百褶裙，上身是一件簡單正經的黑色排扣針織衫。她和我一樣愛追著男生跑。她曾和一位當地樂手約會過幾次，而我對那名樂手也有一些著迷。我津津有味地聽她分享他的事（「一個小氣鬼、呆頭鵝，打起鼾來像海象一樣。」），大致上的反應是：「我們什麼時候可以約出來碰面？明天好嗎？」

我們的友誼一如踏進溫水池般迅速升溫。我們非常合得來。她和我一樣是猶太人，很熟悉廉價酒吧的點唱機，而且住過紐約市。我們會開玩笑說，兩人可能是同父異母的姊妹。茱莉亞的友情讓我變得更勇敢、有自信。我看著她抬頭挺胸地走進屋裡，便也學著她抬頭挺胸。她讓我感覺我們是一幫特別而活潑的猶太女孩。

但是，當茱莉亞勾搭上我的好友加布時，我的世界轟然崩塌。我曾向茱莉亞坦承自己暗戀加布，提到我在三年前的一場獨立搖滾表演中認識加布，當時他才剛從西雅圖搬來費城。加布很聰明、有趣又貼心。我不是馬上就受到他吸引，但隨著友誼加深，我看見了他性格中吸引人的地方。他很務實、直接，信守承諾，值得信賴。

在某次糟糕的分手後，我對加布的依賴變得有點太深了。我們在當地酒吧喝到深夜的次數增加，喝到第三杯啤酒時，我的眼神就會開始渙散，脈搏則愈來愈快。這時，坐在身旁的加布就變得迷人起來。我思忖著，也許他能成為我流浪的心的避風港。

茱莉亞深知我很掙扎，因為我不想破壞了與加布的友誼。某天的早午餐，我把茱莉亞介紹給加布。但令我驚恐的是，他們兩人竟然看對了眼。事實上，他們眉來眼去整整一小時，離開餐廳後就回到他的住處去了。我震驚不已。茱莉亞明知我對加布的感受，但似乎根本沒放在心上。她甚至連想都不想就跟他一同離開了。她也承認這段愛情感覺像是背叛。我還在消化發生的事，所以無法與她（或他）交談。整件事讓我感覺糟糕透頂，原來我的感受對她而言一點也不重要。

加布無法理解為何我對他想與茱莉亞約會而生氣。我必須吞下自尊，向他說明那是因為我暗戀他，而茱莉亞知道這一點。我解釋了看到他們在一起如何令我心痛。我感覺他在無意中拒絕了我，而茱莉亞則是有意地擺了我一道。

我在這段談話中，瘋狂暴露出自己脆弱的一面，所以談完後，我只想化為一顆氣球飄走。加布很好心，明瞭我的處境。他向我解釋，我們兩人是不可能約會的，因為他把我當成妹妹、好友。我要求他給我空間去治療受傷的自尊。他很樂意。他也讓我知道，等我準備好恢復聯絡時，他隨時都在。

相反的，茱莉亞很震驚我竟然不能接受她與加布在一起。對她來說，我沒有任何權利指揮她要與誰約會。她說，我們的友誼和她約會是兩碼子事。我們的友情從此擱淺。她與加布的關係持續了幾個月，但我們的友誼當下便落幕了。我無法了解她為何選擇了這段短命的戀情，而非我倆的友誼。她則無法了解為何她遇見一個很棒的男人，卻惹得我如此不開心。

在個人層次上，茱莉亞與我之間有不可思議的火花。我們都喜歡看《雙峰》（*Twin Peaks*）、聽歡樂分隊（Joy Division）的歌曲，也是養貓的傻氣黑髮女生。地理因素也有益於我們的友誼：我們都住在費城，要定期見面很容易。但在某個核心價值上，我們是南轅北轍，那就是：忠誠。

她決定與加布在一起，超出了我們友誼的界限。幾年後，我們試著重修舊好，但傷害已經造成了。我感覺自己再也無法信任她，她也感覺得到我無法完全原諒她。那實在很令人傷心，直到今日我仍耿耿於懷。

但那也清楚顯示了，與朋友的價值觀相同的必要性。第一章提過友誼失敗有五大原因，以下再提一遍：

1. 有人搬家。
2. 價值觀與見解不同。
3. 生活環境改變而造成友誼變淡。
4. 某種衝突。
5. 性格或生活方式的改變而導致疏遠。

核心價值不同「正是」造成友誼瓦解的五大原因之一。因此，確認你與朋友的價值觀一致，是落實全心全意的友誼很重要的一部分。

到哪裡結交新朋友？

如果你在想：我要上哪兒去找與我的價值觀一致的神奇新朋友呢？答案是，他們就在你身邊。你永遠不乏認識新朋友的機會。想想你親自或在網路上造訪過的地方。依據美國生活調查中心的研究，人們通常是在職場或學校，透過現有的朋友網絡或身邊的一位好友，或是在宗教場所、社團、所屬組織等結識好友。[1]

如前所述，有時我們維持友誼是因為彼此已經在這段關係上投注了大量時間。你的好友理當是認識你最久、陪你度過了許多人生起伏的那個人。

當然，如果朋友認識你的不同階段，這段友誼就更可貴。他們知道你生長於哪座城鎮，可能還見過你滑稽的親戚，他們也明白你如何從心碎的泥沼中走出來。這些朋友是你在職場與學校克服難關的見證人，見過你意氣風發的樣子，例如你第一次跑完馬拉松，或成功地在手工藝品網站開了店舖。但你可能會發現，即使是認識很久的老朋友，也未必是最知心的朋友。

個人與環境因素

我們選擇朋友通常是根據兩種範疇的因素：個人因素與環境因素。[2] 個人因素包括了親和力（你看起來多友善）、社交技巧（你實際上有多友善）、自我揭露的能力（揭露自身脆弱面的能力）、相似性（共同興趣）、親密度（雙方相處得多好）等等。這些特性因人而異。你去上陶藝課也會遇到很多人，但可能只會跟其中一、兩人成為朋友。

人際之間的火花是使友誼變得特別的原因。饒舌歌手史努比狗狗（Snoop Dogg）與作家瑪莎・史都華（Martha Stewart）兩人之間的火花就很精彩。影集《黃金女郎》（*The Golden Girls*）中的女郎們也是絕佳的例子。也許你覺得某些人很談得來或容易親近，或是在某方面很有趣、很吸引人。也許你還會發現他們很有魅力。

在友誼中，魅力不僅止於外貌，也關乎對方的風度或做人溫不溫暖。

我和密友琳恩，是在南費城的一場地下室龐克表演外頭的巷子裡認識的。那是二〇〇二年，我剛從紐約的布魯克林區搬來費城，誰也不認識。琳恩穿著黑白波卡圓點連身裙，塗著誘人的鮮紅色口紅。我們開始交談，她邀我去看她在學校辦的一場學生時裝秀。我們都是住在費城的創意人，我從事音樂寫作，她從事時裝設計。我們進一步認識彼此後，我也看見了她搞笑和聰明的一面。但讓我敞開心胸探索這段友誼的，始終是那最初的印象，那股充滿熱情的魅力。

另一方面，環境因素包括了親近度（人身距離近，如上課時坐在隔壁）、地理（住得近）、活動（一起做的事）、人生事件（一起經歷類似的人生階段）等等，也有影響。這些都是與每段友誼中的距離與人生情境有關的獨特變因。以我的例子來說，我是在當地的龐克表演中邂逅琳恩（親近度），由於我們都住在費城（地理），所以便開始定期見面。

Propinquity（親近）來自拉丁文 propinquitas，意指「接近」，而所謂的親近效應（Propinquity Effect）是指，你與某人愈親近，就愈可能對他產生好感。如果你住在大學宿舍的三樓，就比較可能與住在三樓的人結為朋友。

里程碑事件也會強烈影響你想尋求哪種友誼。如果你訂婚了，可能會受到同樣訂了婚或新婚的朋友吸引。他們能給你實用協助（選這家婚宴會館比那家好）與情感支持（要如何在婚禮中尊重雙方家族，壓力不小），而那是未婚朋友未必能提供的。

或者有了孩子以後，你可能會發現自己需要其他為人父母的朋友給你忠告或同情。你可以請教他們，哪位陪產員最好、哪家日托機構最適合你。如果你開始跑馬拉松，可能會想認識定期練跑（我無法理解！）的人。想認識能在特定方面給你支持的人，是很自然的事。

談到里程碑事件，你是否在過去幾年經歷過以下任何事件：

・訂婚
・結婚
・搬家
・失去或換工作
・升職
・家人過世
・家裡有人生孩子
・養新寵物
・重大的財務變化
・回學校進修
・畢業
・背叛或災難
・生育問題
・接受身心疾病治療
・住院
・歷經全球疫情（圈選這個吧！）

・其他重大人生變化

經歷里程碑事件時，你自然會想結識能給你支持的人。但如果你們的關係是建立在這類事件上，一旦你不再處於那種心境，就很難維持友誼了。從研究所畢業、回到各自的「現實」生活後，我就很難與當時的朋友保持聯絡。同理，生下孩子後，你可能會覺得很難與不孕互助團體中的其他女性繼續往來。

但社會心理學家卡洛琳・維茲（Carolyn Weisz）告訴我，友誼不僅是關於想獲得關愛與支持，也是希望有人理解你、尊重你，並能落實在生活中。

「你當然希望擁有愛你、接納你的朋友。」維茲博士說：「但有一些人也愛我、接納我，我卻不想要那些友誼。」[3]有時，不請自來的友誼感覺就像是負擔。「如此一來，那個真心待你但不太合得來的人所給你的友誼，就成了一把雙面刃。」

我們當然都想被愛、被接納，但友誼往往複雜得多。人們踏進社會，發現自己要選擇與誰共度時光時，「對方是否支持你的身分認同，有助於解釋出現在新朋舊友之間的一些困難選擇題。」

練習　辨識交友的地方

如果你很樂意結交新朋友，但不知從何開始，尤其是剛搬到一座新城鎮的話，請勾選以下任何令你感覺自在的選項。

□上健身房或加入健走社團

□加入校友會。

□上瑜伽健身課。

□到你關心的慈善事業裡擔任志工。

□加入最愛的播客或電視節目的臉書社團

□在領英網站的同行中尋找志趣相投又有趣的人。

□為你所熱中的國內組織從事地方工作。

□參加你最喜愛的作家在各地舉行的文學活動。

□一個月中使用幾次共用工作空間。

□參與教會的事務。

□找出哪些人也喜愛你最愛的音樂藝人。
□上即興劇課程。
□參加以你熱中的食物或飲料為主的社團（如有機酒品酒社團、披薩派對等）。
□到當地博物館當志工。
□擔任當地政治選戰的志工。
□為你熱中的事物編寫新聞通訊或製作播客節目。
□參觀漫畫展
□在當地公園或咖啡館辦一場無酒精聚會，邀請幾個你希望多認識的人參加。
□參加當地農民市集，並與看來親切的人聊天。
□自己去聽演唱會，與任何看來友善的人打招呼。

你樂意做的事愈多，就愈可能遇到嗜好與熱情相近的人。

以上僅是幾個在社區中認識朋友的方式。你進入這類空間時，會遇到各式各樣的人。你要如何辨認哪些人最可能成為你的朋友？要如何挑選並邀請哪些朋友進入你的世界？這時直覺就派上用場了，下一章將進一步探索這個主題。

憑直覺挑朋友，可靠嗎？

Chapter 07

我心急如焚地站在曼哈頓下東城的多明尼克・安塞爾（Dominique Ansel）麵包店外排隊。如果你從未聽過安塞爾的大名，他就是發明可頌甜甜圈（一種可頌和甜甜圈的混合體）的身材修長的法國人。如果英國皇后樂團（Queen）主唱佛萊迪・墨裘瑞（Freddy Mercury）與電影中巧克力工廠創辦人威利・旺卡（Willy Wonka）有私生子，應該就會長得像安塞爾那樣。

我在星期四晚上七點四十五分擠進這家店，距離關店時間只剩下十五分鐘。店員已經把前門關上，試著把最後幾張訂單解決掉。我站在這座包餡甜點的聖地，玻璃櫃裡是成排的烘焙產品。當然，我什麼都想要嚐一口。

當嬌小的店員問我需要什麼時，我沒有一股腦地把願望清單統統念出來，只點了聽起來黏呼呼、填滿卡士達醬或是感覺很罪惡的甜點。

最後，我點了十樣左右：鹽味燕麥閃電泡芙、奶油酥餅、幾個可麗露、迷你瑪德蓮蛋糕，還有一種甜滋滋的草莓可頌甜甜圈。要我一口氣、兩口氣，甚至五口氣吃完這麼多甜點，根本是天方夜譚。這些甜點太多，也太昂貴了。我實在太不智了。

我對做出這種蠢事一點也不自傲，因為這突顯了我的幾個弱點：我很衝動，我對錢漫不經心、我的自制力很差。但這也是一個實用的例子，顯現出人在慌亂或興奮時，腦袋是怎麼運轉的。由於一下子湧進來的資訊太多了，人們得設法殺出重圍、做出決策，那就是我的情況。

直覺就是在此時登場的。我做決策的大部分情形，就跟我在甜點店關門前所做的決定一樣：聆聽我內心最深處的欲望。但信任直覺真的是做決策的最佳方式嗎？在我們選擇工作、報名學校、在費城的家庭派對上挑朋友時，直覺真的可靠嗎？

坦白說：相信直覺可能很冒險，因為你所做的選擇是基於不完整的資訊（鄭重聲明，我幾乎沒有吃那一大堆甜點。我咬了四口可頌甜甜圈，肚子就痛了）。但在這裡精確定義何謂直覺，也許有益。

整體而言，直覺是對情緒資訊的一種迅速、充滿情緒、非意識的處理，是一種本能產生的正面或負面感受（預感），而非理性判斷（邏輯分析）。依據《今日心理學》的說法，「我們往往以『內在感覺』（gut feelings）來描述直覺，這通常是一種迅速產生的籠統感受，我們沒有意識到底下處理資訊的心智過程。」[1]直覺是預感，是迅速的評估。

二〇一六年的一份研究發現，如果有直覺引導，人們在執行任務時會更快、更好，也更有自信。[2]迄今為止，我的直覺要為以下幾件事負責：

・六年級時在街頭頑童樂團（New Kids on the Block）的演唱會上，買下印有喬伊・麥肯泰爾（Joey McIntyre）圖像的T恤。
・只穿黑色T恤。
・在一家義大利餐廳點了鱸魚特餐。

在前述的例子中，我做選擇之前並未深思熟慮，也沒有詢問親友該不該這麼做。我沒有請教靈媒或擲硬幣。我只知道自己本能地想要這些東西，因為喬伊是街頭頑童樂團中最可愛的成員，黑色T恤就算髒了也看不出來，鱸魚特餐聽起來很美味。

曾經獲得諾貝爾獎的心理學家暨研究者丹尼爾・康納曼（Daniel Kahneman）的理論是，我們有兩種鮮明的思考系統。[3]第一種稱為「直覺式思考」（intuitive system），也就是第六感，是一種潛意識的快思。你需要在頃刻之間做出決策時，這種快思就很有用。這種預感協助我們避開混亂世界中的威脅（雇用了不適合的保母），並緊緊抓住機會（將自己介紹給可能成為朋友的陌生人）。但這種直覺系統犯錯與持偏見的時候居多，因為它僅僅是當下所做的最佳猜測。

直覺思考的例子包括：

・走另一條路去上班。

・答應第二次約會。
・接受（或拒絕）某份工作。
・決定今天要穿什麼。

第二種系統稱為「邏輯式思考」（analytical system），是一種再三斟酌的慢想。你會因此進行更複雜的高度推理。這種系統有助於你做出更明智的決策，就像是勸你慢慢來、三思而後行的兄姊。

一般而言，這兩種系統會同時發生。比如，經驗告訴你，戴腰鍊的男人不是很好的男友，所以如果你發現有個傢伙想追你，但他的垮褲上吊著一條結實的鋼鍊，你可能會猶豫不前。這是眼前的印象結合過往經驗的豐富證據之下的結果。

因此，直覺與全心全意的友誼有何關聯？嗯，如果你在年輕時僅憑直覺挑朋友，你們的友誼可能是建立在不完整或過時的資訊上。

你是否想過，以你目前對某個老朋友的生活方式或價值觀的一切認識，如果你們在今日才相遇，還會成為朋友嗎？你還會覺得對方是你的最佳拍檔嗎？如果你從未想過自己為何受某些朋友吸引，我可以理解。畢竟你們共度了那麼多時光，要你去質疑他對今日的你來說是不是合適的朋友，你可能會覺得古怪或殘忍。

關於這一點，我會說：全心全意付出的朋友會樂意花時間認真找出你們友誼長久的原因。聽明挑選要讓哪些人進入你的人生很重要。和誰一起生活、和誰一起工作、和誰約會——這些決定對你的生活有不計其數的影響。朋友能影響你的身體與情緒健康，能拓展或限制你的機會。

據信蘇格拉底曾說：「交友要慢，但當友誼確立，就要長久堅持。」[4]我認為，他明白面對友誼時，態度不應隨便。保持謹慎和平靜很重要，你才看得出對方的底細。你可能從未想過要從朋友能如何協助或傷害你的角度來思考友誼。以這種臨床分析或冷血無情的方式來看待友誼，甚至感覺像是褻瀆了友誼。但如果你對友誼感到灰心或不快樂，這就成了值得一做的練習。藉由清楚辨認誰是最佳朋友人選、原因何在，或許你也會了解到，為何有些人並不適合你。不適合未必代表不可能成為朋友，但意識到潛在的問題在哪裡，有助於你日後更明智地處理問題。

讓你的身邊充滿最適合你的朋友，還有一個好處：你們能教導、鼓勵彼此，並與最能突顯你的最佳特質的人一起成長。但單憑直覺可能不是你發現朋友合不合得來的最好辦法。在把對方算成你的密友之前，你必須徹頭徹尾地了解這個人。

談到不完美的好處時，尤金．甘迺迪寫道：「如果你問人們，他們喜愛的某人吸引他們的原因何在，他們絕不會告訴你只顯現在表面的完美特質，而是某個不完美的缺陷，讓他們看見了對方前所未見的內在。」[5]擁有老朋友的人多半有一個問題：要分辨哪些缺陷是可以包容的，哪些缺陷則如蘇格拉底所警告的，應該讓你放慢下來思考。不完美的缺陷很重要，人人皆有，而吸引人的地方就在這裡。但個人怪癖和不尊重人的白目行為，是兩碼子事。

常見的情況是，你意識到與朋友的價值觀有衝突，但為時已晚。我與茱莉亞就是一例。因此，你在前進時，必須清楚雙方的價值觀是什麼，日後才能掌握到與朋友不合拍的原因何在。

如今，我知道自己可能忽略了茱莉亞與我不合拍的一些跡象。第一條線索：在我們短暫的友誼中，她常說自己沒想到會跟我成為朋友，因為通常她跟女人合不來。記得當時我腦中閃過的念頭是：那還真怪。但我沒有多想，反而覺得很驕傲。我和這個星球上的其他女人不同，讓她感覺被愛、被理解。如果她願意成為我的朋友，我一定會是她的超級好密友。

有一次，我請她說明為何她沒有更多女性朋友。她告訴我，她和女性間的友誼並不穩定，她們通常很陰險，而且似乎不太喜歡她。我天真地以為我們的友情會不同。真要說的話，我以為這證明了我們的友誼既強烈又特殊。

現在我明白了，過去她就是個見色忘友的人。茱莉亞只為了茱莉亞著想，就是這樣。直到我看見她和我的暗戀對象加布眉來眼去，我才真的懂了為何她和其他女性處不來。那就像一顆大燈泡在我頭上亮起來：噢，原來如此，所以其他女人才不喜歡她。因為她把自己和自己的感受看得比什麼都更重要。只要能得到她想到手的東西，她才不管會造成什麼傷害。她要告訴我的就是這一點。

那次的情況讓我了解到，朋友的忠誠對我來說很重要。因此，現在我交朋友時，會選擇過去對朋友的行為是值得信賴的人。事實上，碰上朋友艾莉森時，我們是慢條斯理地培養友誼，經年累月地建立良好習慣。我和艾莉森的其他朋友見面，看得出來她很忠誠貼心，是其他人的好朋友。和她在一起很安心，她是個值得信賴的聰明人。我們的友誼是全心全意的，我們體諒、關懷並尊重彼此。

請想想你以前的朋友所擁有的關鍵價值觀，是否與你的不同。如果是，請停下來思考一下。我們再回想一遍蘇格拉底的話。如果你發現彼此的價值觀不同，那麼謹慎一點是合理的。但那句話的後半部是關於長久堅持。我們來深入探索這一點。慢慢來是為了確保彼此的價值觀契合。了解這段友誼為何能成功之後，就要長久堅持，不離不棄。

練習 辨認你在友誼中重視哪些價值

請舉出三到六個你在友誼中重視的價值。哪些特質在你的親密友誼中不可或缺？尊重、親切、心胸開放、慷慨、忠誠、好奇心、冒險精神、獨立、好溝通、絕佳的幽默感，還是同理心？請仔細思考哪些特質是你與朋友合得來的要素。

對我而言，我所重視的價值是關懷、心胸開放、尊重、慷慨、創意。因此，如果我覺得尊重很重要，卻看見某個可能成為朋友的人對服務生態度不佳，我就會想與她保持距離。如果我重視一個人的心胸是否開放，但某個朋友卻拒絕嘗試新餐廳，或不願打破慣例，那麼下次我可能就不想再和她一起出門了。

思考一下你過去的朋友。你所重視的價值是什麼？朋友與你不同的地方在哪裡？你們各自的價值觀如何影響友誼的健康程度？

我們的直覺是一項不完美的機制，但我們能透過這種內在能力，對他人進行初步的評估。若要擁有全心全意的友誼，我們在與某人結交之前，就得先考量自己對他的一切所知。如果你和朋友從年輕時就認識了，那麼這段友誼未必會隨著你的成長而變化。這成為重點是因為，價值觀相近是友誼根基穩固的關鍵。釐清自己重視哪些價值，有助於你對潛在的朋友人選做出更好的評估。那些中選的人將構成你信賴的內圈友人。下一章有更詳細的說明。

Chapter 08 朋友扮演的八大角色

湯姆・雷斯（Tom Rath）在《人生一定要有的八個朋友》（*Vital Friends: The People You Can't Afford to Live Without*）中說，理想上，我們應該擁有能在特定方面支持我們的各路朋友。[1] 沒有哪個朋友是全能的。我們也不該懷有這種期待。我們應該與不同類型的朋友培養友誼，才能在某些方面與自己形成互補。「朋友本來就不是樣樣都會；在我們的研究中，八十三％的人指出，其他朋友對友誼各方面的貢獻，反而比好友更多。」雷斯寫道。他強調，我們不應期待朋友面面俱到，[2] 理想友誼的關鍵，應該聚焦於朋友為你的人生帶來了哪些獨一無二的貢獻。

伊蓮的經驗

伊蓮說，她的朋友有兩項特質：一、他們不無聊；二、他們肯定她。她喜歡朋友提出令她驚喜的有趣問題，並以有創意的新點子逗她笑。「他們想知道妳打從心裡覺得哪些事有趣，並讓妳知道，原先妳以為平凡的事物，其實很值得花數小時討論。」她說道。

第二項特質比較難解釋。她說的「肯定」，不是指她需要朋友認同她的感受與觀點。「不僅是指他們同意你的觀點。我有些朋友的意見跟我相左，但他們讓我感覺自己被看見、被聆聽，就算他們未必了解我，我們對事情的觀點未必相同，但他們讓我相信，他們對我不離不棄。」

以冰淇淋來比喻的話，香草永遠是香草，要把香草做成開心果口味是辦不到的。如果你想做綜合聖代（運作良好的健康友誼），那就需要各種不同口味的冰淇淋：一球薄荷餅乾口味、一球奶油胡桃口味、一球覆盆子口味等等。友誼正是如此。不擅長恭賀你步步高升的朋友，不會哪一天突然懂得恭喜你升遷。如果你想找會擊掌慶祝你的職場成就的朋友，就找能替你開心的朋友分享你達到里程碑的好消息吧。

朋友能為我們做很多事：關心我們、恭喜我們成功、逗我們笑、支持與鼓勵我們。但要求某個人無時無刻滿足以上所有條件，是不切實際的夢想。

因此，雷斯提出了最重要的朋友在你的人生中可以扮演的八大核心角色。他將「重要朋友」定義為能大幅改善你的人生，同時在你的職場或個人生活中不可或缺的人。他表示，要知道哪些人是你的重要朋友，你應該對自己提出幾個問題：如果他往後都不在你身邊了，你對人生的整體滿足感是否也會降低？如果他不再是你人生的一部分，你在職場上的成就或參與感是否也會隨之降低？如果你對以上任一或兩個問題的答案都是肯定的，恭喜你，那個人就是你的重要朋友。（灑花吧！）

雷斯舉出的八大角色，勾勒出重要朋友為友誼帶來的能量、各種優點與積極益處。有時朋友在彼此的生活中扮演相同的角色（同事是彼此的戰友），有時則扮演著截然不同的角色（自由的靈魂能啟發對方的心智，可靠的朋友能成為同伴）。只要認為對方是人生中的重要一分子，就能營造正面的關係。

在友誼確立了之後，才會出現重要角色的問題。如果雙方都有強力的交友目標，就可能成為彼此的重要朋友。

如果人們能輕易說出每個朋友對友誼的貢獻何在，他擁有的就是非常出色的友誼。雷斯的研究辨認出朋友所扮演的八大常見角色是：[3]

- **推手（Builders）**：像教練般精力充沛，希望你無論做什麼都成功。這類朋友能激勵你，為你的個人或職業成長盡一份心力，而且真心希望你攀上巔峰。你嗅不出推手身上的競爭意味，反而是他能補充你的不足、支持你邁向目標。
- **支柱（Champions）**：是你的個人啦啦隊。他們在他人面前讚美你，在背後支持你，不論人前人後都站在你這邊。他們接納你的本貌，不評判你。他們是你最強力、最忠誠的支持者，為你的成就雀躍，也真心盼望你找到幸福。

・**同好（Collaborators）**：是與你擁有同樣的嗜好與熱情的朋友。想嘗試新的早午餐店或一起參加工作坊？你的同好隨時會拿出熱情，來與你同行並交換心得。你們對工作和生活有同樣的抱負。你們彼此的緣分很強，受共同的嗜好吸引。也許你們是同一個社團或組織的成員。

・**同伴（Companions）**：永遠在你身邊，無論環境如何變化。你們之間的緣分幾乎是斬不斷的。只要你的人生中發生大事（不論好壞），他們就是你第一個打電話通知的對象。同伴對你們的友誼很驕傲，能為你的利益而做出犧牲。他們可能是你願意兩肋插刀、以生命相挺的朋友。

・**牽線人（Connectors）**：足智多謀，能協助你獲得想獲得的事物。這些朋友認識你之後，便會立刻牽線協助你認識與你擁有相同興趣或目標的人。他們能大幅拓展你的人際網絡，讓你接觸到新的人脈。如果你需要找工作、醫師、朋友，或是找人約會，打電話給他們就對了。

・**開心果（Energizers）**：是非常有趣的朋友，永遠知道怎麼為你打氣，為你的生活創造更多正面時刻。開心果很懂得如何讓你振作起來。他們在你低潮時照顧你，將普通的好日子轉變成不可思議的一天。如果你需要捧腹大笑、會心一笑或一點好心情，打電話給他們吧。

·**啟迪者（Mind Openers）**：能拓展你的視野，讓你認識新觀念、新機會、新文化、不同的人。他們刺激你以嶄新的角度思考，協助你創造持久、正面的改變。他們知道如何提出大問題，讓你更願意接納新觀念。啟迪者挑戰傳統智慧，讓你能表達那些對其他人難以啟齒的見解。

·**導航者（Navigators）**：能給你非凡又切身的忠告，是使你能保持正確方向前進的朋友。你需要指引時就會找上他們。他們很懂得如何引導你走出徬徨。如果你進退兩難或位於人生的交叉路口，就和他們談談吧。他們是聆聽你的夢想與目標的最佳人選，能協助你找出那條通往目標、落實夢想的明路。

當你在思考誰是你的重要朋友時，不妨想想他們如何符合上述頭銜。你會刻意去想「我的人生中真的很需要開心果，不如找個人來逗我開心」嗎？根本不會！你可能是在他的圈子裡邂逅了他，一拍即合，於是花了很多時間在一起做你們熱中的事，然後才意會到這個人為你扮演著某個重要角色。

如果你對失去特別的友誼懊悔不已，那可能是因為他正是你的重要朋友。人生中失去這個人，令你沮喪，因為你感覺這段友誼不可取代，所以產生了某種缺憾。更重要的是，你失去的不僅是一個朋友，更是他在你人生中扮演的關鍵角色。

全心全意的友誼與釐清誰是你的重要朋友息息相關，你得先明白自己是如何、為何選擇目前的朋友，你的人生又為何特別需要他們。那就像摸索你最喜愛哪種音樂類型、哪類電子遊戲一樣。這是關於你自己、你為何受某些人事物吸引的關鍵資訊。辨別朋友的關鍵角色，是了解每個朋友的貢獻何在、他們如何影響你的絕佳方法。這些角色的名稱表達出你心裡知道的事：有些朋友比較適合分享你生活的某些面向，有些朋友比較適合靜靜聆聽你的心聲，有些朋友則樂於開幾瓶酒與你共舞，把痛苦拋諸腦後。

這些重要角色也突顯了平衡的重要性。要一個人扮演所有角色是不可能的。我們需要一群人有效地支持我們（並成為我們有效地支持的對象）。

奧莉維亞的經驗

奧莉維亞認為友誼補充了婚姻的不足，使人生感覺較健康。「妳想要一個正常的好男人，支持妳、理解妳，又願意聆聽妳的心聲，但妳不能要求他照顧妳所有的情緒需求，包辦所有讓妳開心的娛樂需求，滿足妳吱吱喳喳聊天的需求。」她說：「那樣的負擔實在太重了，沒有為彼此的關係留出一點可以呼吸的新鮮空氣。」

過去她會羨慕朋友擁有那類關係，「多年後，我才懂得如何將不同需求轉移到更能接受那類需求的人身上。」她需要其他人來滿足那些角色，並感覺到，期望伴侶擔負起所有需求，給你所渴望的一切能量，是一種不尊重的行為。

你的友誼是珍貴的，那就是為何運用直覺、堅守你重視的價值、辨別朋友在你人生中扮演的獨特角色很重要。釐清這三大面向後，你就能清楚了解自己為何擁有目前的朋友，也更能評估一段友誼適不適合你現今的生活了。

練習　辨別朋友的角色

辨別在你的人生中，哪些人扮演著以下角色：

推手：

支柱：

同好：

同伴：

牽線人：

開心果：

啟迪者：

導航者：

如果你對與朋友絕交感到恐慌，請辨識那些朋友為你扮演的角色：

朋友的名字：

角色：

朋友的名字：

角色：

朋友的名字：

角色：

辨識出朋友的角色帶給你什麼心得？請寫下來：

一般而言，能夠很快指出每個朋友在人生中扮演何種角色的人，通常擁有較圓滿的友誼，因為釐清情況讓他們有了目標，能為自己為何選擇彼此並用心維持友誼，提出了清楚有力的理由。

下一章，我們要轉而揭露友誼失敗的各種原因。儘管了解緣分如何形成很重要，明白友誼破裂的原因和過程，也很重要。

為何友誼會破裂？

Chapter 09

二〇〇七年，我典型的週末是這樣過的：和朋友們邊喝酒邊準備出門；喝著酒等車來載我們；在費城最骯髒的夜店狂歡時繼續喝酒。一開始是罐裝威士忌可樂 Jack & Coke。想來個不醉不歸時，就改灌長島冰茶雞尾酒（五百毫升以上）。

在目眩神馳的狂歡中，我在克雷格列表網站（Craigslist）張貼了一則免費廣告，尋找室友與我分享在費城費爾芒特區（Fairmount）的兩房公寓。不可否認，我的廣告寫得很簡略，大概是：「拜託是很酷的人。不要太無聊或太邋遢。」

布麗勒回應了我瘋言瘋語般的分類廣告。我在聚友網上搜尋了一下，發現我們有幾個共同的朋友。她和我住在紐約時認識的一些人上同一所大學。這太令人興奮了。雖然最後布麗勒在自己就讀的研究所附近，挑了一間只要二十分鐘就能到的公寓，沒有搬來與我同住，但我們很快就成為朋友。她聰明而強悍，頂著精靈般的短髮，是個從不讓步的鬥士。

我們首次出遊，就在費城一家名為「資訊部」（The Ministry of Information）的廉價酒吧，度過了四美元一杯瑪格莉特酒的歡樂時光。這裡是反覆失業的獨立樂團小夥子們相聚的小地方——

別誤會，不是那種嘶著嘴、邋遢但俊俏的主唱。這家低級小酒吧是社交技巧不佳的貝斯手和鼓手的聚集場所。

酒吧裡的燈光柔和昏黃，感覺像是浸在蜜糖中。身無分文、蓬頭垢面的傢伙進進出出（都叫做邁特、亞當或挪亞），啜飲著紅條（Red Stripe）啤酒，圍在撞球桌旁開彼此的玩笑。不過，這些邁特、亞當或挪亞，從來沒能逗女孩子笑。他們讓我想起磨禿了的沐浴海綿，顯然他們的黃金時光已經是過眼雲煙。

當時，布麗勒寫了電子郵件給我，提議三月初某個清爽的星期三在那裡碰面，因為她暗戀資訊部酒吧的一個金髮酒保，名叫陶德。她問我能不能來幫她鑑定一下陶德這個人如何。我說沒問題，因為我很樂意盯著好看的男人倒酒。事實上，布麗勒可能成為我的新朋友這一點，對我來說不可抗拒。我很樂意當參謀。第一次的友誼之約就這麼定了。

我們先後在傍晚五點來到酒吧，待到凌晨兩點關店時才離開。那一晚，我們激發出了不下十個只有她知我知的新笑話。一個是關於穿超迷你短裙坐酒吧椅子的笑話，另一個是關於有些男人吸引我，是因為他們神似一九八〇年代的電影明星達德利・摩爾（Dudley Moore）的笑話。我們都不希望那一晚結束，所以點了一輪又一輪的酒。之後，我們搭車回到我的公寓，她窩在我擁擠不堪的棕色組合家具中小睡了一下。

隔天早上，為了克服嚴重的宿醉，我們大口吞下了培根蛋乳酪貝果，因為這有助於吸收那些仍殘存於體內的酒精。我們在咬下貝果三明治時，深深看著彼此，兩人都本能地知道，這下子我們的友誼穩固了。

從那晚之後，我們開始形影不離。事實上，在我們濃烈的三年友情中，身為布麗勒的密友，大多數時候是很開心的。她是個有趣又搞笑得令人尿褲子的人。她有藝術天分，有創意，也深富魅力。我認識的男生幾乎都暗戀她。

她會傳這樣的簡訊給我：「妳最好了！我好高興人生中有妳。我不想講得很俗氣，但沒有妳，我真的不知道該怎麼辦才好！我好愛妳！」

天冷時，我們會一起在她家的廚房喝由尊美（Jameson）愛爾蘭威士忌調成的熱調酒。我會帶著一罐罐肉桂蘋果醬與桃子醬離開她家，那是她出於友情而特地為我做的。她鼓勵我追逐夢想成為作家，讓我感覺自己有可能受人喜愛，甚至覺得自己值得他人喜愛。

我們的不同點形成了彼此的互補，共同點則讓我感覺很刺激。比方說，我們對男人的品味不同，所以兩人從未有過那方面的競爭。感謝上帝！我偏愛像松鼠一樣緊張兮兮，塊頭不大的傢伙，她則對高高瘦瘦的憂鬱型情有獨鍾。我喜歡的這型男人喝印度淡色艾爾啤酒、吃培根乳酪堡，她喜歡的那型男人則會點抹茶拿鐵和鷹嘴豆泥。

一年後，友誼出現了裂痕，布麗勒的面具逐一瓦解。她對我結交的新朋友或新約會對象疑心重重。起初我喜歡她的那些特質，包括了不顧一切的野心、悍然獨立的個性、無視他人看法的勇氣等等，反而成為我們友誼中的痛點。

愈攀愈高的野心，化為我們之間波濤洶湧的競爭。悍然的獨立個性，扭曲成了她對我的界限的侵犯。無視他人想法的勇氣，意味著她也不關心自己的言行對我這個所謂的密友有何影響。

她惱人、掌控欲強、霸道的行為，成為緩緩毒害友誼的外洩瓦斯，因為布麗勒覺得身為密友的我應該隨傳隨到。如果我跟另一位朋友出遊，或中午補眠一下，沒有隨傳隨到，她就會四處追蹤我的下落，彷彿她是連恩．尼遜（Liam Neeson），而我是她失蹤的十幾歲女兒（譯註：指電影《即刻救援》〔*Taken*〕的情節）。

如果我沒有馬上回覆她打來的第一通電話，她會每隔四分鐘打來一次，然後傳簡訊攻擊：「嘿，我有打給妳，妳上哪兒去了？」接著再寫電子郵件：「打電話給我。」我們的友誼開始令我感覺窒息，疲憊不堪。

我開始不喜歡自己和她在一起時的樣子。我感覺渺小、莫可奈何、戰戰兢兢。我甚至覺得我們已經不再是同伴，她的情緒與需求似乎才是唯一重要的事。

我開始花愈來愈多精力來安撫她。按照布麗勒的希望走（「好，我們到鎮上另一頭的那個家庭派對，看看妳的暗戀對象吧」），總比試著主張自己也有希望與渴望更好（「說真的，我很不願意看妳追著另一個愛無能的兼職ＤＪ跑」）。

她太固執、太驕傲。她說，我身上的老海軍（Old Navy）服飾看上去太廉價，我的音樂品味太流行龐克了。她取笑我的約會對象太文靜，甚至強迫我與其中幾個人分手，因為她堅稱他們對我而言「不夠好」。怎樣才夠好？能在星期二晚上一起喝啤酒？隨妳吧，妳說了算，布麗勒。

如果當時（二〇一〇年左右）你問我，我和她的友誼是否劣化了，我會鄭重否認。我會美化她最糟的特質：她不是粗線條，只是被誤解；她不是霸道，只是知道自己的價值何在；她沒那麼傷人，只是有黑色幽默感。然後，我會列出她的正面特質：忠心耿耿、投入、很有主見。

某個溫暖的六月午後，友誼瀕臨瓦解。布麗勒強行插手我和一個新朋友的計畫，弄得我們很尷尬。我害怕看到她的名字出現在手機上，那種恐懼讓我明白，我們的友誼破裂了。我沒有面對她的勇氣（？），或說不夠堅強（？）。想要跟龍捲風講道理，是行不通的。

那一天，莉莉沒有邀請布麗勒到她家，但如前所述，布麗勒才不管他人怎麼想。我相信如果我問她，她會說如果我獲邀，那她身為我的密友，當然也等於被邀請了。她甚至不請自來地介入了我所有的假期。她會要我說出旅程細節：要去哪裡？搭哪班飛機？要待在哪裡？然後問也不問地直接決定加入。我到芝加哥探訪一位好友時，她也跟著來。就連我到華盛頓特區見一個夥伴，她也不請自來。

我感覺陷入泥沼，並跟其他朋友說起布麗勒的不是。發洩的當下感覺很好，但畢竟無助於改變我的困境。其他朋友不知道該對我說什麼。他們也不想招來布麗勒的怨恨。要是我有骨氣向她攤牌，大聲說出我在這段友誼中有多不快樂就好了。但我連要她改變什麼都沒把握。請……對我好一點？請……換掉妳的個性？

那年我三十二歲，代表我對世事並非一無所知（至少懂得區分淡啤酒和黑啤酒，懂得如何線上繳電費），但我還是拿不準如何處理一個不夠格的朋友。直接失蹤如何？在我的生日派對上醉醺醺地大打出手？還是告訴身邊的每個人，她是個差勁的密友，卻繼續無止盡地與她瞎混？我挑了最後一個選項，但這不是個好抉擇，十分中只拿了零分，不推薦各位。

我們溫柔的夥伴關係，變質成了獨裁者與被掌控者的強硬關係。我開始想像布麗勒哪天能找到另一個朋友，從此消失無蹤，或是與某個高高瘦瘦的傢伙陷入情網，然後跟著他到倫敦或溫哥華或上海去，不管是哪種情節都好，只要讓我不用面對得當面絕交的難題。

她讓我感覺自己成了我不想成為的那種人。這是不可接受的，也是壓垮友誼的最後一根稻草。我們每況愈下的友誼，讓我明白，交友這件事遠比我想像的還複雜。

胡安妮塔的經驗

胡安妮塔與男友的關係陷入了困境，這還是溫和一點的說法。她發現男友背著她亂來。但傷心歸傷心，她仍不願把他的惡行告訴朋友。不過，朋友們終究自行摸索出了情況有異，後來他們（其中有些還認識了十五年）慢慢疏遠她。

朋友們要她說出來龍去脈。密友對她說：「不論事情好壞美醜，如果妳無法向我坦白，那我只好從友誼中退一步了。」

朋友的話令胡安妮塔心碎。她哭了好幾個月。這種情況逼得她反省，她領悟到，自己無法對朋友坦白，造成了友誼的裂痕。胡安妮塔的內心衝突不已；她想保護自己與男友的戀愛關係，但也想掌握朋友們的反應。

最後，她終於向密友吐露了煩惱。這段經驗讓她體會到，自己取悅他人的傾向很強，使她無法表現出脆弱的那一面。她總是忙著安撫身邊的人，所以她認為朋友無法消化關於男友不忠的消息。

「為了保護自己而失去朋友，並不值得。」她說：「這代價太大了，確實逼得我不得不敞開心房。」自此之後，她向自己承諾，如果她的生活中出現了任何煩惱，她都要讓密友知道。好友就應該如此。

以胡安妮塔的例子來看，沒有對朋友坦誠，是造成她們疏遠的原因。對朋友來說，那種避重就輕則有說謊之嫌。所幸胡安妮塔及時懸崖勒馬，保住了友情。

以我的情況來說，布麗勒並未對我說謊，或洩露我的祕密給他人知道。我想不出究竟是哪件事讓我想抽身，只是感覺我們不再惺惺相惜，反而瀰漫著一股陰鬱的氣氛。

提出選擇理論的威廉．葛列什博士，辨認出七種能加深緣分的關懷習慣，[1]這些都是締造健康友誼、展現情緒成熟度的能力：

1. 支持
2. 鼓勵
3. 聆聽
4. 接納
5. 信任
6. 尊重
7. 磨合差異

儘管布麗勒一開始表現出這些特質，但後來逐一消失，造成我們疏遠。前述的特質大都是不言自明的，但「磨合差異」這一點比較微妙，因為差異有些會說出口，有些則不會。約翰．高特曼在《關係療癒》中提到，友誼中要磨合的事情包括：[2]

．你們要多親密，往來要多密切？

・你們會分享內心真正的感受嗎？
・你們要花多久時間相處？
・你們要如何保持聯繫？
・誰是主動安排計畫的人？
・誰多半擔任支援的角色？

上述磨合的目的，是要找出友誼中的平衡與立足點，以免滋生嫌隙。葛列什博士也辨認出「把朋友趕跑的七大要命習慣」：[3]

1. 抱怨
2. 批評
3. 責怪
4. 嘮叨
5. 威脅
6. 懲罰
7. 用賄賂或獎賞掌控對方

現在我明白了，布麗勒勾選的壞習慣多過於好習慣。我感覺必須斷絕友誼，還有什麼懸念嗎？

米夏的經驗

「真希望我知道如何談論我和某些朋友之間的難題或緊張狀態。」米夏說：「問題就只出在幾個朋友身上，往往就是那幾個。我總是想算了，假裝沒什麼大不了，儘管確實不對勁。」米夏知道有些人成功地與朋友講開了，達到更深層的相互理解。「但我怕說錯話，改變了兩人之間的火花，顯得我很小器或要求太多。」她說道。

吉莉安的經驗

吉莉安問我，結束不再美好的友情為何會是個禁忌？如果能由她說了算，她會把絕交當成是常態。

「要忍受糟糕或合不來的朋友，壓力實在太大了。」她說道。她認為不該把絕交烙上負面印記，「人會改變，我想結束友誼是無妨的。」她很訝異人們多半不同意她的觀點。放棄友誼的念頭冒犯了他們。「朋友們對於絕交很抗拒，他們會拚命補救。但我並不是要他們改變自己，我也不會改變自己。」她說：「雙方心平氣和地分道揚鑣，難道不好嗎？」

即使是針對衝突這個話題，人們的意見也很分歧。一方面，像米夏這種人雖然想解決衝突，卻不知從何做起。另一方面，像吉莉安這種人則只希望人們更能接受絕交這件事。為何友誼已經達不到合理的期待，我們仍想堅持下去呢？

凱薩琳的經驗

凱薩琳認為她某段友誼的親密度是十分中的四分。「我們從小學就認識了。雖然每個月見一次面，了解彼此的近況，但我經常覺得很難產生共鳴，而且她對我不好。所以這個難纏的問題反覆出現：我究竟該不該保留這段持續了將近一輩子的友誼呢？」她表示，雖然這段友誼不理想，但她仍很掙扎要不要絕交。她們在彼此的人生中占據了那麼久的歲月，凱薩琳不敢想像友誼走到盡頭會是什麼樣子。

為何我們無法割捨不愉快的友誼？

為何當友誼已如一灘死水，有些人仍難以疏遠朋友？《今日心理學》認為有五大原因。[4]當然，這些原因有可能交錯發生。

・**認識很久**：兩人之間享有很多共同的往事。凱薩琳的情況就是如此。

・**忠心耿耿**：那位朋友陪你度過了某段艱難的時期或重大事件，所以過河拆橋地割捨他們，似乎很殘忍。

・**不願破壞社交生活**：如果你們有共同的社交網絡，可能很難為了某人而離開這個圈子。忽視自己的不快，總比冒著被逐出社交圈的風險容易。

・**唯恐發生衝突**：磨合新界限可能不容易，令人避之唯恐不及。有時聽天由命地保持現狀，忍受這個合不來的朋友，反而比較容易。米夏的例子就是如此。

・**全然無知**：也許沒人教過你如何與朋友絕交。你對如何擺脫這類困境毫無頭緒。

邏輯上，我知道與布麗勒絕交，會使我的社交生活陷入一陣子的困境，但我對她的忠誠、對衝突的恐懼，以及對如何處理這類情況的無知，滾成了愈來愈大的情緒毒瘤，臭不可聞。

現在，我明白了當初要我離開布麗勒的主要難處在哪裡：我們有共同的社交圈，我害怕與她起爭執，也不知如何處理絕交的事。我會陷入不幸的深淵，也是理所當然的。

回想起來，當時我就知道自己與布麗勒的友誼出了問題，只是不知道問題何在。現在，我明白了友誼起落的種種原因，就不難理解當時自己為何那麼矛盾了。她霸道又自以為是的姿態，影響了我繼續往來的意願。但那段友誼之所以注定失敗，終究是因為我遲遲不願意說清楚自己的界限在哪裡。我不夠堅強，也缺乏自我審視的語言與方法。把焦點繼續放在布麗勒的霸道行為，而非我本身的立場不堅定，總是比較容易。

「如果長久以來，你都不把自己有何期待與需求告訴他人，那你終究會失去對他們的好感。你會停止關心對方，因為關心意味著感覺無力。」希瑟．哈麗萊斯基（Heather Havrilesky）在「剪裁」網站的「問問寶莉」專欄中，這麼回應一名女子。該名女子請教她如何結束一段友誼的毒害。[5]

當然，那位寫信人的室友／朋友是個行為放肆乖張、自以為是、討人厭的混蛋。「但如果妳沒有心平氣和地找她講清楚，說明妳對她有何需求、她不能對妳予取予求的話，妳終究不會知道這段友誼還值不值得走下去。」哈麗萊斯基寫道：「她很可能還是會故態復萌，一副飽受威脅的樣子，卻做出一籮筐惱人的事，但妳為自己和自身的需求挺身而出，可能使她獲得不少教訓，畢竟妳並未批評她的不是。」

莉莎的經驗

莉莎告訴我，她與高中時代的朋友已經相隔兩地十多年了，但是當他們在一起時，有時會落入過去的相處模式。「包括容許他們侵犯我的界限、不談自己的需求以免起衝突，還有其他我一直努力改善的事。」她說道。她從波士頓搬到費城是二〇二〇年秋天的事，所以很難說是疫情還是搬家影響了她的友誼。

「這讓我在這座新城市交新朋友變得很難，也很花時間。另一方面，我想文化也不盡相同，我們對交友的人性需求和孤立及寂寞的懲罰性痛苦，有不同見解。在我的經驗中，寂寞沒那麼丟臉，不是什麼奇恥大辱。『需要』他人來讓自己感覺好一些，是可以接納並理解的。那讓我比較容易在生活恢復正常後，進一步發展已經有了開端的友誼。」

友誼並不是發生在我們身上的神祕、無法掌控或不可知的被動經驗，而是我們主動選擇投入時間、關懷、注意力的人際關係。我們選擇在這些關係中成長。

瑞貝卡的經驗

我問瑞貝卡，她希望年輕時能多知道關於友誼的哪些事？如果早一點知道成人之間的友誼有多棘手，對她有幫助嗎？「說實話，我不會希望自己小時候就知道成人友誼是什麼樣子，我想我會覺得難過吧。」她說道。

「我希望早點知道的事情是：有時儘管難以啟口，你還是要與對方談一談，那是值得的。我們在戀愛時會有那類談話，為何不在朋友間也這麼做？」她依舊很捨不得老朋友們。「我的高中密友們如今不再是密友了，我對這一點仍感慨萬千。」她說：「我總是忍不住想著，如果當初把話講清楚，儘管困難，但說不定有助於挽回那些友誼。」

如果你正試著消除與老友之間的齟齬，請多給自己一點同情。你並不孤單。很多人（顯然包括我自己）都曾苦苦尋思要做或說什麼來結束友誼。

當布麗勒把我的一個祕密洩露給一位共同朋友時，我便明白為這段友誼奮鬥的時刻已經過去了。我找她談判。她為打破信任而致歉，但這還不夠。我告訴她，我們最好分道揚鑣。我說的直接而果決，而從那時起，我們再也沒說過任何一句話。

如何退出無害的友誼，又不會覺得自己是個絕情的混蛋？

有時儘管某些人很好，我們仍不想跟他們當朋友。但一直拒絕對方很尷尬，尤其當他很想參與你的生活時，你要如何婉拒邀約，又不覺得自己是個混蛋，或不必捏造各種藉口？關鍵是要有禮貌、直接、保持友好，順序如上。

「謝謝你邀請我（禮貌地），但我沒興趣參加品蜂蜜酒俱樂部（直接地）。祝你在那裡找到蜂蜜酒的同好（保持友好地）。」

「謝謝你邀請我共進午餐（禮貌地），但我想利用中午休息時間趕一下讀書進度（直接地）。祝你午餐愉快（保持友好地）。」

「謝謝你留言邀請我（禮貌地），但我這個月的行程很滿，恐怕無法參加你的烤肉派對（直接地）。希望當天天氣晴朗，好好享受（保持友好地）！」

如果你覺得訊息要更強烈一點，表現出你不想繼續往來的決心，那麼請說：

「謝謝你邀請我共進晚餐（禮貌地）。我很感激你的付出，但目前我恐怕無法為這段友誼付出更多時間（直接地）。希望你一切都好（保持友好地）。」

保持禮貌友善是一個很好的策略，因為如果以後你改變心意了，也許那扇門仍願意為你開啟。

練習 追溯失落的友誼

有必要的話，重複這項練習多次，以釐清友情決裂的來龍去脈。

與你起衝突的朋友姓名：________

你為何堅守這段友誼：________

□認識很久

□出於忠誠
□不願破壞社交生活
□害怕起衝突
□逃避

最後你是如何結束友誼的：
□主動提出絕交
□疏遠那個朋友
□將友誼限定在某幾個方面

請思考以下問題：

1. 如果可以重來，你會以哪種不同的方式來處理你與朋友的衝突？

2. 關於那個情境，現在的你會給過去的自己什麼忠告？

3. 分析這段絕交的過程，給你什麼感受？

若要了解一段友誼有沒有挽回的餘地，第一步是明白為何過去的平衡狀態改變了。本書的第二部便要來說明如何維持那種微妙的平衡，讓你明白為何友誼能夠（或無法）延續；如果值得補救，又要如何使友誼恢復常軌。在下一部，我會精確說明讓友情生生不息需要哪些要件，還有如何落實那些改變。

第2部

成爲他人重視的朋友

友誼的關鍵因素：渴望、用心與愉悅

Chapter 10

既然我們知道了那麼多關於現代友誼的挑戰，要如何突破難關？如何在生活中運用我們所知的一切，促進友誼在日常生活中成長？

餐廳老闆蓋伊．費里（Guy Fieri）有他的「3D」電視節目《樂享美妙旅程》（*Diners, Drive-Ins and Dives*），在本書中，我們則要聚焦於另一組「3D」：渴望（Desire）、用心（Diligence）、愉悅（Delight）。這三個關鍵因素影響著現代友誼是否快樂、健全、令人滿足。

「渴望」是指希望花時間與某個朋友在一起。渴望就好比你說：「我希望與這個人成為朋友。」任何柏拉圖式關係的展開（與結束），都是以渴望成為朋友開始，因為友誼是自發的。

渴望是：

- 樂意與某個人或團體結緣。
- 希望知道這個人的一切，並樂意分享自己的天地。

・清楚你們出現在彼此生活中的原因。

・有待在彼此生活中的動力。

如果車子的汽油快用光了，你就無法開車到超市；同理，如果友誼沒有足夠的渴望，也無法有什麼進展。

缺乏渴望使人：

・不回簡訊或電話。

・拒絕出遊的邀約。

・感覺與這個人出遊不算是善用你的時間。

・感覺這段友誼可有可無。

・一想到要與這個人聯絡就無力。

渴望是主觀的，而且有程度上的差異。當然，有時缺乏延續友誼的渴望，不是任何人的錯。人們失去這類渴望的原因千奇百怪，而且隨時都可能出現。有時是因為個人因素（你不再享受對方的陪伴），有時則是環境因素（你們住得不近，或你不再那麼有空）。如果你正在為某事傷心、掙扎，或經歷難關，友誼可能不是你的（或朋友的）首要選項。那是完全可以理解並預期的。無論我們多想揮一揮魔杖讓事情改變，也不可能讓渴望完全屈服於意志。那是行不通的。

「用心」是指願意優先花時間與朋友相處，關注發生在朋友生活中的重要事件，留意朋友的其他關係與家庭及工作責任的變化。用心也包括願意適應對方的心情與興趣。

用心是你會去想：只要事關緊急，我一定會為這個人赴湯蹈火，在所不辭。我會邀朋友一起做兩人喜歡的事，並享受彼此的相處。

再次想想身為車主的情況。你怠忽自己身為車主的職責時，後果可能會很嚴重。如果你忘了登記車牌、保險、驗車等（大人得做的無聊事），就會收到罰單，甚至讓車子被扣押。在友誼中，用心就跟養車很相像，要照料好所有細節，車子才能順利上路。

你身為親愛友人的一舉一動，在在影響著友誼的成敗。用心是重點中的重點，是朋友快溺死的那一刻，你讓他知道你會盡全力拯救他。用心是重視你們為彼此的付出。

用心是：

- 記得朋友生命中的重要事件（其親友的出生、死亡、週年紀念等）。
- 擔負起身為朋友應做的決策。
- 坦誠告訴對方，你何時有空、有哪些需求。
- 里程碑事件發生時，要有適當的表示。
- 邀朋友共處時，為他們生活中的其他承諾著想。

・留意朋友的限制（財務、身體、情緒等）。
・實際去觀賞朋友推薦的電影、播客或電視節目。

不用心往往是讓友誼像電影《回到未來》（*Back to the Future*）中的家族相片那樣褪色消逝的原因。用心能使友誼產生骨幹，建成一棟可以遮風擋雨的房子；不用心則有如任由房子的地基遭風吹雨打，並做出以下的事：

・計畫訂好了，卻爽約或鬧失蹤。
・取消了計畫，卻沒再提出任何新行程。
・沒慶祝對方的個人里程碑事件。
・忽視對方重要的專業成就。
・久不聯絡。
・對朋友的推薦不屑一顧。

如果在親密的友誼中不用心，關係就會顯得膚淺，因為你不會真心感覺到人生有股重要的支撐力。對方可能是職場上的朋友，是分享火雞肉卷和辦公室八卦的好對象，但你因為離婚而心碎一地時，卻無法向他傾吐煩惱。或者他是個很瘋狂的朋友，可以隨時令你捧腹大笑，但你傳訊息問他星期五晚上有沒有空吃飯時，他卻已讀不回。在友誼中用心，能讓朋友知道你關心他們過得好不好。要將關心化為行動。

「愉悅」是指朋友之間的相互支持與回應。愉悅是指享受你們相處的時光。愉悅是心裡想著：我們真是一拍即合。愉悅是用語言、想法和行動，讓雙方感覺窩心、被接納與尊重。

我發誓，這是本書最後一次使用車子的比喻，但以車子來說明，愉悅就是你的車感覺像你的車的原因，因為它完全順應你的需要。比如我開的是一輛輕巧的紅色福斯捷達（Jetta）車款，因為我是個用酸性化妝水、聽泰勒絲（Taylor Swift）專輯的中年女性。我不會想開藍寶堅尼（Lamborghini）或麥克（Mack）貨車到全食超市（Whole Foods）買希臘沙拉，因為那類車子（太顯眼、太笨重），不符合我的需求或生活方式。

一種米養百樣人，不是每個人都想開同樣的車型或車款，我們所選擇的友誼也契合著我們各自的品味。我們選車子（汽車、單車、機車、滑板車等），都有很個人的理由，因為我們的交通需求各不相同。友誼也是如此。

友誼中的愉悅是指：

- 傾吐彼此生活中的喜怒哀樂。
- 讓朋友相信「你永遠是出於一片善意」。
- 體諒彼此尚在摸索用哪種方式相處最好。

愉悅不僅是關於做什麼，也是關於不做什麼。硬要對方接受你的忠告，或是表現得你比他更清楚他的人生，不是一個好朋友該做的事。愉悅是指當一個充滿同情心的隊友，而不是擺出盛氣凌人的老闆姿態。

如果友誼中缺乏愉悅，就會令人感覺洩氣、壓抑、窒息。陪伴朋友度過難關，卻沒有相對地感受到愉悅的友情，可能會加深你的怨氣。你可能會感覺對方愛挑毛病、霸凌你、令你畏縮，感覺自己渺小。

一旦愉悅消失了，你對這段友誼的渴望就會隨之暴落。你可能說不出自己不再關心對方的原因，但行為說明了一切。你的付出會因為反感而減少。不久後，友誼便只剩下了空殼子。

愉悅有一大部分來自朋友有多了解你在自己人生中扮演的各種角色。心理學家瑪莉莎・法蘭科（Marisa Franco）著有《柏拉圖式關係：依附的學問如何協助你交友並保持友誼》（*Platonic: How the Science of Attachment Can Help You Make—and Keep—Friends*），她將這稱為「認同肯定」（identity affirmation）。

「你的朋友會肯定你所認同的身分，即使他們本身並不擁有那種身分。」[1] 她在訪談中表示：「也許你的朋友很有藝術氣質，想辭掉工作住進藝術村。如果你不夠支持或肯定他所認同的身分，可能會出現這類反應：『什麼意思？你不再工作賺錢了？為什麼呢？』你會把自己的價值觀強加在對方身上，評判他的對錯。」令人擔憂的是，你這麼做可能會引他們走上歧途。她說：「如果他們照你說的話去做，是不會快樂的。他們唯有按照自己想要的方式生活，才會快樂。」

那些擅長提供認同肯定的人會告訴自己：「我的朋友是在按照自己的價值觀生活。儘管那不是我的價值觀，但我仍支持他們走上真正屬於自己的路。」

法蘭科博士表示，那些鼓勵我們實現自我、表現本色的朋友，能為友誼帶來許多安全感、穩定感與深度。

渴望、愉悅、用心，是使友誼長久且令人滿意的三大要素，能讓友誼成為甜蜜蜜的棉花糖夾心餅：巧克力般滑順的「渴望」，融化在棉花糖般甜滋滋、黏糊糊的「愉悅」中，再以堅硬的全麥餅乾夾成「用心」的美味。

如果你沒有平衡發展前述的三個D，友誼就注定萬劫不復了嗎？倒也未必。只要你渴望與某人成為朋友，就永遠有結緣的機會，就像只要車子裡還有油，理論上就能前進。但維持窩心緣分的可能性，取決於另外兩個D的品質。

如果雙方都渴望留住友誼，便可望使緣分的基礎更穩固。但要享受那種振奮人心、你儂我儂的友誼，讓你不禁想大聲歌頌友誼的真諦，這三個D缺一不可。

交友可能是一個棘手又撲朔迷離的問題，但你可以主動一些，讓友誼更能適應你繁忙的現代生活。本書的第二部便是一套完整的演練手冊，能引導你鼓起渴望，對朋友用心，促進友情的愉悅。這能讓你心愛的朋友感受到你的長久關愛。我會教你如何實際運用書中學到的一切，調整你面對摯友時的說詞、行為和想法。

自從撰寫本書以來，我察覺自己對朋友的態度產生了以下變化：

- 我更樂意在做出反應之前，先檢視自己的感受。
- 我變得更靈活，會願意先相信朋友。
- 當事情不如預期時，我更能克服腦海裡那個驚慌不安的聲音。
- 我更能意識到自己的選擇，明白自己可以運用哪些情緒與心理工具。
- 我表達欣賞的時刻遠遠超過以往。我告訴朋友，我愛他們。如果他們需要，我會給他們多考慮一會兒的時間，並向他們保證，我會一直在他們身邊。

你也會看到這些改變的！

在我們轉向實務之前，你可以先做好以下的準備：

- **挪出完成練習的時間與空間**。把手機收起來，拿出紙筆。允許自己思考本書提出的問題。不用急，慢慢來。
- **放鬆心情**。穿寬鬆的衣服。如果你穿著胸罩，不妨先脫掉。穿上毛茸茸的襪子。找個舒服的地方坐好。點一根最愛的蠟燭。播放輕柔的背景音樂。必須集中精神時，我個人偏好聽電玩音樂或低傳真音樂（lo-fi beats，編註：主要由舒緩的節奏組成，具有粗糙的聲音質感）。

- **拿出探索內心的意願**。當你做這些練習時，心中可能會五味雜陳。不是所有回憶都是你想重新回味的快樂回憶，像是朋友令你失望時激起的憤怒、棄你於不顧時造成的傷痛、你沒處理好敏感情況而產生的羞愧、朋友從你的生活中消失而你不知原因何在所帶來的傷心。你會出現很多情緒。請歇一口氣，如果需要暫停一會兒再回來，請不要猶疑。
- **拿出耐心**。你需要時間才能真正改變自己面對朋友的方式。請在過程中拿出耐心。如果冒出了令人傷痛或難為情的回憶，不要對自己太嚴苛。你正在轉變。拿旅行來比喻，成為全心全意的朋友並不是前往附近果汁店的短程旅行，而是一趟跨國公路旅行。每一天都是運用新知的機會。

讓朋友每次都說「好」的祕密——Chapter 11

二〇〇一年，我為紐約翠貝卡區（Tribeca）的一家小時尚雜誌社擔任發行部經理，工作內容包括提供公關雜誌給時尚品牌 Urban Outfitters（簡稱ＵＯ）的客戶。我甚至曾為了見ＵＯ的代表談這件事，從紐約的賓州車站搭火車到費城的三十街車站。那是我有史以來第一次出差，我俐落的長褲與看似專業的黑色提包，讓我感覺自己長大了。

但我到外地出差的日子沒有持續很久。二〇〇二年的九一一事件後，我遭到解雇，搬到距離費城二十分鐘車程的地方。

由於我無業又是鎮上的新住民，所以聯繫了ＵＯ原先認識的窗口，讓他知道我正在找工作。我想，ＵＯ是一家大公司，一定有什麼職位適合我。也許我可以為他們的網站寫部落格？為他們的型錄寫文案？我什麼都能試！他很好心地把我的履歷轉給了人力資源部。

幸運的是，人力資源部的一位女士來電，請我去與名叫隆妮的主管面試。面試就要有面試服。當天下午，我就飛奔到購物中心，選了一件看起來很精明幹練的合身紅毛衣。我記得曾在一本女性雜誌上看過，穿紅色表示力量，我想藉此散發某種企圖心強的「雇我吧」能量。

面試當天，我穿了一件可描述為「略帶搖滾風」的單寧裙搭配那件紅毛衣。裙子的下半部印有一把白色吉他，看起來很酷。

我穿著那件紅色戰服與吉他裙走進了UO公司，等待面試者叫我的名字。

「妳是安娜嗎？隆妮請妳進來。」櫃檯的女子說：「請往這邊走。」

她帶我走進一間大辦公室，四壁都是裸露的磚牆，家具是以回收木材製成。隆妮是個活潑嬌小的金髮女子，她起身與我握手。

「歡迎！我看過妳的履歷了。很有意思，所以我想我們應該碰碰面。」她皺起眉頭說：「但不幸的是，我們現在沒有適合妳的職位。」

「好的。」我說，試著把「搞什麼？」的表情藏起來。我買了新衣服，還大老遠跑來這裡，卻是白忙一場。她根本沒有工作要給我，只是想看看我的樣子罷了。我想，這下好了，我還是付不了帳單。我覺得自己被耍了，她浪費了我的時間。兩個穿得還不錯的女人談論著不存在的工作。

「我會把妳的資料留在檔案夾。」她說：「如果有什麼機會，我會再與妳聯絡。很高興見到妳！」

剛萌芽的友誼也可能落入這種陷阱。就像我與隆妮為了不存在的工作而進行面談，有時你也會為了「你似乎很有趣」這類淺薄的理由，接近某個可能成為新朋友的人。我們都做過這種事。我們以為應該去認識住在同一棟公寓的那個朝氣蓬勃的女孩，應該邀那個頭髮挑染成紫色的新同事一起吃午餐，應該約常在健身房碰到的那個迷人女子喝咖啡，但一旦我們共處一室，對著在桌上留下水印的冰咖啡與穀物沙拉盤，才赫然發現自己根本不知道要聊什麼。

當然，你可以從以下的標準項目開始：

- 跟我談談你自己。
- 你從事哪類工作？
- 你常去哪些地方玩？
- 你的老家在哪裡？
- 你有兄弟姊妹嗎？
- 你結婚了嗎？配偶從事哪類工作？
- 你有養寵物嗎？貓還是狗？

在餐盤清空並道再見後，以下這個念頭可能會閃過腦際：她似乎還不錯，但這樣（找時間相聚，約在某個定點，想話題聊）好像太費事了。我怎麼感覺好像少了什麼？出了什麼問題？你甚至會告訴這個可能成為新朋友的人：「我們下次再約吧！」但心裡知道你根本不想。這段剛起步的友誼很可能就此消亡，但你並不清楚原因何在。

我會說，你可能也犯了約我面試的那位女士的錯：提不出見面的清楚且強力的理由。隆妮並不是說：「我想針對一個部落客的職位跟妳談談。」她在見到我之前，並不清楚我究竟適合哪個職位。問題就在這裡。我們試著在相處的當下找出答案，但很可能是白忙一場。

貝蒂的經驗

貝蒂與好友吉兒各有一個快滿週歲的女兒。貝蒂希望多與吉兒聯絡。「我想這也不是誰的錯。」貝蒂說：「我們時常來回傳簡訊。分享寶寶的相片。有一次，吉兒說：『下次我們用視訊軟體看看彼此的女兒如何？』我回說：『好啊，沒問題。』」但那場會面從未成真。「我們應該約一下！」的念頭懸在空中，然後就消失了。貝蒂回憶那次交談時，似乎很無奈。除非雙方有人開口，不然約會永遠不會發生，只能是希望或空想。

二〇一一年，亞當・泰特路斯（Adam Teterus）走進胖傑克的漫畫書店（Fat Jack's Comicrypt）看看有什麼新漫畫。他買下《蜘蛛人：邁爾斯・莫拉雷斯》（*Spider-Man: Miles Morales*）的第一集，然後回到費城市中心的蘋果專賣店客服部工作。

如果你購買單本漫畫書，櫃檯會將漫畫裝進一種很薄的褐色紙袋。亞當回到蘋果專賣店的地下休息室後，將紙袋拿出來，放在桌上，便大口吃起午餐。

「噢，你喜歡漫畫啊？」同事亞克塔維亞斯（Octavius，暱稱為亞克）看著褐色薄紙袋說道。

亞當不知道亞克也是漫畫迷；他只知道亞克新婚不久，是個會上教堂的三十多歲男子。兩人當下就聊起了《復仇者聯盟》（*The Avengers*）、《神力女超人》（*Wonder Woman*）、《蝙蝠俠》（*Batman*）等漫畫。不久後，他們意會到，或許其他人也會對他們討論的東西感興趣，於是他們開始製作播客，專談漫畫宇宙所發生的新鮮事。

二〇一六年的某個夏日，亞克來錄新一集的播客節目。亞當馬上就察覺到情況有異。亞克似乎提不起勁。

亞克告訴亞當，最近他被診斷出腎衰竭第四期。「他顯然很難過。」亞當說：「我知道他身體不適，但其他事我什麼也不知道。我不清楚腎臟是幹什麼用的。我對他的狀況一無所知。」[1]

亞克必須從親友中找出能捐腎臟給他的人，但也不是人人都行：捐贈者還得要跟他一樣是O型陽性血型。[2]

「我是O型陽性血型啊。」亞當不敢置信地說。儘管血型吻合，但亞克不敢抱太大的希望。他已經有兩名同血型的潛在捐贈者了：他的妻子和母親，但兩人都不適合捐腎臟給他。光是血型吻合還不夠。亞當還要經過嚴密的檢查，才能確定他的腎臟適合朋友的體質。

亞當沒有多想，馬上就採取行動。他安排了多項醫療檢查，確定自己是合適的捐贈者。說來神奇，亞當的腎臟確實完美符合朋友的體質需要。

二〇一六年十月，兩人動了手術。亞當說：「（那場移植手術）改變了我們，但話說回來，」讓他訝異的是，「生活一如往常，什麼也沒改變。」[3]移植手術週年的十月十一日，他們沒有大肆慶祝。「我們把這件事拋諸腦後了。」亞當笑著說：「你怎能忘記這麼重大的事件？但有趣的是，這不是重點。」

「如果那件事沒有成為我們人生中的關鍵，不知道我們還會不會變得親密，也許根本不會。但那件事影響深遠。」亞當說：「從此我們就成了拜把兄弟。」

移植手術的兩個月後，亞克告訴亞當，他要當爸爸了。他想請亞當成為女兒的教父。現在，他們不僅是朋友，更是家人了。事實上，兩家人共度了聖誕節。亞當與亞克的經驗體現出擁有共同嗜好的力量。這一切，包括救命的手術、家人般的情誼、切不斷的緣分等等，都是起自餐桌上的一本裝在褐色紙袋裡的漫畫書。

沒錯，這個故事顯示強韌的友誼能帶來不可思議的影響，但也顯現了形塑友誼的一股重要力量。在亞克與亞當的例子中，他們都很清楚彼此的強力友誼是以共同興趣為基礎。關於這一點，羅賓．鄧巴博士曾在《朋友原來是天生的：鄧巴數字與友誼成功的七大支柱》（*Friends: Understanding the Power of our Most Important Relationships*）一書中辨認出友誼的七大支柱：[4]

・說同樣的語言。
・在同一個地方長大。
・相同的教育與職業經歷。
・相同的嗜好與興趣。
・世界觀（道德觀、宗教觀、政治傾向）相近。
・相似的幽默感。
・相同的音樂品味。

回頭看看亞當與亞克的友誼，兩人對漫畫的喜愛是讓友誼成長為非凡緣分的大門與種籽。「就算只是熱愛多米諾骨牌或白老鼠，友誼都必須與某樣東西有關。」C.S.魯易斯（C.S Lewis）在《四種愛》（*The Four Loves*）中寫道：「一無所有的人無法分享什麼，足不出戶的人找不到同行旅伴。」[5]

如果你發現友誼開始由濃轉淡，那表示維繫友誼的原因可能已經變得模糊或過時了。問題就在這裡，因為每段親密的友誼都需要雙方全心全意地投入。

露西的經驗

露西與室友艾蜜莉是一對好友，兩人經常一起到鎮上找樂子，享受二十多歲女孩的幸福。然後，艾蜜莉搬走了，兩人各自有了重要的另一半。如今，露西還生了孩子。

就和亙古以來的故事一樣，他們的友誼陷入泥沼。「我們的人生不同了。」露西說：「我不知道她的情況如何，但我真的很少跟她聊天了。當我想要跟她聊一聊時，會傳簡訊給她，但只能寫『嘿，近來如何？』就這樣了。沒什麼話要說了。」

「我感到內疚。」露西皺起眉頭說：「我希望自己能想出一些問題來問她，但實在沒有。」

莎夏的經驗

莎夏對朋友不夠關心她頗有微詞。「我很難接受西雅圖人的那種態度，就好像說她『沒有那種頻寬』赴約或慶祝某個朋友的大事。」莎夏說：「如果有人會在約定時間的一小時前取消約會，他們就是這類人。」她覺得以前的朋友更看重彼此的付出。「我不認為這只是因為大人的生活比較複雜的緣故。」她說道。她認為，人們變得厚臉皮了，爽約在社交上變成是可以接受的事。

一般而言，對於理由充分且清楚的邀約，人們不會失約。如果你的老闆邀你共進午餐，談談你工作的前景，你一定會到場。銀行來電通知你的帳戶有問題時，你也一定會回電或趕緊到某家分行釐清狀況。如果理由很清楚，撥空到場就不成問題。

然而，如果朋友說：「嘿，我們去喝一杯吧！」但除了喝幾杯葡萄酒之外，你不知道你們一起瞎混有什麼意義，就可能感覺這不重要，於是爽約或取消約會。

C.S.魯易斯說，人們交友所犯的最大一個錯誤是，他們並未聚焦於使雙方想常保友誼的原因。[6] 你交新朋友或試著恢復往日情誼時，請問問自己：我們有清楚有力的往來原因嗎？我們在一起時要做什麼，才能激起熱情與無可抗拒的興奮感？那個理由必須強而有力、富有意義、令人愉悅，雙方才會願意從生活中撥空投入。

我是作家，許多朋友也是作家，因此我經常聯絡自己欣賞的當地作者說：「我好喜歡你的作品。要不要哪天約時間見面，談談寫作的事？我們可以在你喜歡的咖啡館碰面。」這裡提出的邀約理由清楚而具體：邀請對方與我共商寫作計畫。收信人可以從我提出的理由夠不夠具體有力，來判斷自己是否要答應。當然，如果這個人的寫作夥伴已經夠多了，他就可能回絕我，這表示我的邀請對當時的他而言不夠有力。

面對新朋友時，先提出邀請的理由，就不怕相處時得絞盡腦汁想話題。請看看以下給陌生人和熟人的邀約例子：

給陌生人

邀約一：「嗨！我剛搬來這座城鎮。你願意出來喝杯咖啡嗎？」

邀約二：「嗨！我剛搬來這座城鎮。我們的孩子似乎讀同一所學校。你願意和我喝杯咖啡嗎？我想聽聽你住在這個社區的心得。」

我想要做什麼？——約人喝咖啡，聽聽他們的經驗談。

為什麼？——因為我剛搬來這座城鎮。

對方會覺得這是見面的有力理由嗎？——也許。如果他們孤單，想找新朋友，這個理由也許夠充分。

給熟人

邀約一：「嗨！我最近常想到你。我們找一天出來吃午餐吧？」

邀約二：「嗨！我從領英網站上看到你離職了，你好勇敢喔！我想聽聽你決定離職的原因，還有你下一步的計畫。也許我能幫上一點忙！這週要不要碰面吃午餐？」

我想要做什麼？——吃午餐。

為什麼？——討論對方的工作情況，看看是否幫得上忙。

對方會覺得這是見面的有力理由嗎？——當然，尤其是在你主動伸出援手的情況下。

練習　試著提出清楚有力的邀約

給失聯的朋友

邀約一：「我想念和你相處的日子。有空的話，下週打電話跟我聊聊如何？」

邀約二：「我想念和你相處的日子。我從社群媒體上看到你最近離婚了。不知道你是否聽說這件事，但我也離婚了。離婚真的會讓人覺得寂寞。有空的話，下週打電話跟我聊聊如何？我想聽聽你的心路歷程。」

請從邀約二中找出清楚有力的理由。

我想要做什麼？＿＿＿＿＿＿＿＿

為什麼？＿＿＿＿＿＿＿＿

對方會覺得這是見面的有力理由嗎？＿＿＿＿＿＿＿＿

給親密的朋友

邀約一：「生日快樂啊，甜心。要不要跟我一起慶祝？」

邀約二：「生日快樂啊，甜心。我想聽聽妳最近在忙什麼，也許來年我們兩個女孩可以一起去旅行。妳想要在什麼時候慶祝生日？星期二晚上如何？」

請從邀約二中找出清楚有力的理由。

我想要做什麼？＿＿＿＿＿＿＿＿

為什麼？＿＿＿＿＿＿＿＿

對方會覺得這是見面的有力理由嗎？＿＿＿＿＿＿＿＿

我希望這些例子能讓你明白，為朋友提出適當的邀約框架很重要，不管是新朋舊友，還是介於兩者之間的熟人。如果你提出清楚有力的聯絡理由，成功的機率便會提高。

如果這是交心的友誼，那麼你給朋友清楚有力的理由，能讓他們更願意請人暫時照顧孩子、與伴侶商量，或重新安排自己的計畫與義務，並將你的邀約排在前面。朋友會覺得撥空與你見面是一件重要的事。

渴望保持友誼不是什麼奧妙的事，我們都會基於某個特定、非常私人的原因，而渴望與某個朋友保持往來。當你說自己需要朋友，可能不是指路上的任何張三李四，也不是指郵差或公車上坐在隔壁的任何一位乘客。你是指和你對世界產生同樣的好奇心、被同樣的事戳中笑點的人。

哪些人吸引你、哪些人不吸引你，永遠是有原因的。從選擇理論中，我們可以了解自己是如何選擇他人，又是哪些人會選擇我們。

查理的經驗

「成年後，我交友最大的問題在於我對自己的看法。」查理說：「我常覺得自己是無聊、沒趣的人，所以到最後，我覺得只有自己的付出大於收穫時，別人才會願意和我交朋友。但那種不平衡無法帶來穩固持久的友誼。我還在思索這個問題。」

聽到查理的觀點時，我很難過。我提醒他，友誼是起於共同熱愛的事物或嗜好，並鼓勵他找到自己喜愛的事物，找出同樣喜愛那樣事物的人。很多人想要的不是情緒大起大落的朋友，而是懂得聆聽、可靠又值得信賴的朋友。儘管你不是團體中的靈魂人物，仍可以為朋友奉獻良多。

練習 想一想可以找朋友一起進行的活動

與其叨念著想交朋友，不如主動找出希望跟朋友一起投入的活動。

- 我想找朋友一起去看喜劇表演。
- 我想找朋友一起去迪士尼樂園玩。
- 我想找朋友一起去嘗試韓國美食。
- 我想找朋友一起去學衝浪。

現在輪到你了：

我想找朋友一起去＿＿＿＿＿＿（地方名）

我想找朋友一起去＿＿＿＿＿＿（地方名）

我想找朋友一起去＿＿＿＿＿＿（地方名）

我想找朋友一起去＿＿＿＿＿＿（娛樂活動）

我想找朋友一起去＿＿＿＿＿＿（娛樂活動）

我想找朋友一起去＿＿＿＿＿＿（娛樂活動）

我想找朋友一起去＿＿＿＿＿＿（娛樂活動）

我們會受某些朋友而非其他朋友吸引，通常是因為聚焦於某件事物之友誼的基礎比較穩固。這些友誼自然蘊含著讓雙方渴望共度時光的原因。

有些友誼是聚焦於喝伏特加紅牛飲料、在夜店跳舞直到凌晨為止；有些友誼是關於分享養育孩子的種種煩惱；有些友誼是因為彼此來自同一個城鎮或學校；有些友誼則與賽馬、雷射槍生存遊戲或跑馬拉松有關。

友誼可以建立在任何興趣上，就像每週一次在某人家裡的地下室玩《龍與地下城》（*Dungeons & Dragons*）的那些青少年，也是有共同嗜好的！他們找出了相處的具體理由：遊戲裡的巨魔與美式鄉村口味的多力多滋（也許是吧）。

我與一個名為莎莉的女子，就充分體現出了這種友誼，因為我們都喜愛打倒男孩樂團（Fall Out Boy）。我在社群媒體上遇見她，過去十年來也時常與她在打倒男孩樂團的演唱會上碰面。莎莉和我有共同的喜好。音樂就是我們之間的神祕連結。事實上，音樂品味是羅賓・鄧巴博士所列的七大友誼支柱之一。

「針對和某人的緣分，你所勾選的項目愈多，投入的時間愈多，你們的感情就會愈親密，朋友會更願意深入你的社交網絡，而你愈是願意在對方需要時伸出援手，他們也會更願意投桃報李。」鄧巴博士寫道。[7]

對於生長在紐約市的人來說，說同樣的語言或在同一個地方長大，也許不是足以發展友誼的強力理由。但如果你是蒙古僑民？也許一個會說英語的同鄉朋友是培養友誼的充分理由。你甚至不須風塵僕僕地回到蒙古。如果你生長於美國東岸但搬到西岸去，也許能從其他有類似經歷的人當中找到夥伴。

你與朋友之間的友誼支柱愈多，保持緣分的可能性就愈強。這些支柱或重心就是你們花時間培養友誼的原因。能清楚道出人生中的某段友誼是為何而建立，或許對你有幫助：

- 小孩上同一所學校。
- 一起玩線上遊戲。
- 都會去看奧斯卡金像獎得獎電影。
- 都會去文藝復興市集（譯註：參與者都會做英國文藝復興時期的打扮）吃烤火雞腿。
- 都很認真研究護膚產品。
- 都會聊精彩電視臺（Bravo）播放的《真實家庭主婦》系列節目。

・都會到鎮上的新餐廳嚐鮮。
・都在健身。
・都是書呆子。
・上同一所大學。
・都會為失去某些人事物而痛心。
・都剛離婚或新婚。
・都在學中文。
・對衣服與時尚都很有興趣。
・分享同一個工作空間。
・都喜歡自釀啤酒。

友誼的重心（一定）會改變。但如果大家成長的方向相同，那就不是大問題。因為常去聽情感硬核（emo）這種龐克音樂的演唱會而結緣的朋友，後來的重心可能轉變為讀幼兒園的孩子或當政治選戰志工等。

就像我們無法強迫貓咪成為空手道黑帶高手，友誼也是強迫不來的。但人們會繼續相約出遊，一定有某些理由。友誼能持續下去，一定有某個原因存在。而當這個原因變得模糊不清時，一方或雙方便會覺得這段友誼不那麼重要了。

如第四章所述，我們對生存、愛與歸屬感、力量、自由、樂趣的內在天生欲望，影響著我們的所有行為。滿足那些需求，就是達到自己的「優質世界」願景的方法。而正是這些相互競爭（有時更相互矛盾）的驅動力，形塑了我們追求並維持友誼的渴望。

例如公司來了一位可愛的新老闆，暫且稱她為賽琳娜。兩人忙了一天後，一起放輕鬆地喝幾罐可樂娜啤酒，當然不錯。我可以用幾個比較討人厭的前任男友的爆笑故事來逗樂她，但我也希望賽琳娜將我看成一個能力好又盡職的員工。事實上，我希望她能考慮在未來幾個月幫我加薪。如此一來，我對潛在加薪（力量）的渴望，就超過了與她一起喝幾杯啤酒（樂趣）的渴望了。

我們的決策是來自不斷衡量各種需求的結果。

- 你想養一隻小狗（愛與歸屬感、樂趣），但房東不准房客在公寓養寵物（生存），所以你終究沒有養狗。
- 你考慮跨州追求理想中的工作（力量），但很猶豫，因為你重要的另一半無法跟著你一起搬家（愛與歸屬感）。
- 你想辭職（自由），但終究留了下來，因為你還得付帳單（生存）。
- 你想回學校進修，以利日後找到更好的工作（力量、生存），但那意味著你見親友的時間會變少（愛與歸屬感）。

當事情是關乎花時間與朋友相處，你的潛意識也會做同樣的考量。要得出答案，就要先釐清友誼的重心何在。我與隆妮的面談終究沒有任何下文。我始終沒有機會進入ＵＯ公司工作，因為她想不出我可以在公司裡扮演什麼角色。但我也學到了一課：除非我確定自己有出席的必要性，不然我不會再為任何場合買新衣服。

練習　釐清每段友誼的重心

辨識每段友誼的重心。請盡量列出每段友誼的所有重心，以追溯其演變。

朋友一

姓名：

過去的友誼重心：

今日的友誼重心：

未來的潛在友誼重心：

朋友二

姓名：

過去的友誼重心：

今日的友誼重心：

未來的潛在友誼重心：

朋友三

姓名：

過去的友誼重心：

今日的友誼重心：

未來的潛在友誼重心：

當友誼的重心模糊不清時

選項❶ 找責任夥伴來達成目標

有時朋友是來自我們人生中遙遠但重要的那一部分：老鄰居、學校同學等。你對這個人的感情或許很深，但除了往事，你不知道與對方繼續聯絡的原因何在。一個可行的策略是，看看彼此能否合力達成某個重要目標，成為彼此的責任夥伴。

心理學教授蓋兒・馬修斯（Gail Matthews）想知道人們是如何達成目標的，在二〇〇七年以六個國家的兩百六十七位參與者為對象進行研究，參與者的專業背景差異甚大，年齡在二十三歲與七十二歲之間。[8] 結果辨認出四項有助於參與者完成目標的因素：

- 清楚寫下目標。
- 盡力達成。
- 與朋友共享目標。
- 每週向這位責任夥伴報告進度。

她的研究顯示，責任感對目標的成果有正面影響。在結合上述四項步驟的情況下，達到目標的參與者將近四分之三。與一位朋友共享目標，效果就是這麼強大！

舉個例子來說明這類目標：如果你想要多動動身體或學義大利文，一旦開始為此努力，請通知一位樂意分享同樣目標的親愛朋友：「我想要多動動身體。你要和我一起來嗎？」然後每週向彼此報告進度。

這種責任系統不僅有助於你達到多動動身體的目標，也是與朋友定期聯絡的強力理由。以下是責任夥伴能敦促我們前進的其他例子。請圈選你有興趣跟社交圈中的任何人一同展開的項目。

- **運動夥伴**：設定健身進度表，分享飲食計畫，並定期檢視彼此的進度，以確保兩人都堅定地朝目標邁進，能獲得更好的成果。改變生活方式可能很難，而這類的相互激勵能協助你們保持正面改變。
- **學術夥伴**：籌組研究小組，分享資源、協助彼此理解困難的概念，使每個成員都能專注並獲得動力。這類合作可以改善彼此的學術表現。
- **職涯夥伴**：同事確實能協助彼此步步高升。多參加商業社交活動，更新彼此的履歷並完成進修教育課程，有助於雙方合力達成心目中的職涯目標。
- **戒惡習夥伴**：如果你想戒菸、戒賭、戒網購，或戒掉其他不好的習慣，可以與某人分享彼此的進度，保持雙方的動力與方向。

- **創作夥伴**：藝術家、作家、音樂家等也能從這類相互敦促中獲益。歷史上那些激勵才子和才女的作家沙龍與藝術群就是一例。加入關係密切的藝術家社群，能讓創意人分享點子，指教彼此的作品，並在遇到瓶頸時鼓勵彼此進步。

選擇責任夥伴時，要確定參與安排的每個人都保持同樣的熱忱、信任、作風，而且能時時溝通。你們甚至可以討論結束夥伴關係的適當時機，也許是目標達成時（已有三個月沒抽菸）或一段時間後（學年結束時）。計畫中的一切都可以商量，以確保時間契合每個人的需要。

定期盯進度、真心回饋，並祝賀彼此的成就，能創造出有效的夥伴關係。撰寫本書的此刻，我也有從提案、寫稿到成書等各步驟的責任夥伴。每位夥伴都為了協助我寫書，貢獻了各自的才華、經驗與心意。我希望，我的經驗與心意也協助了他們形塑計畫。責任夥伴就該如此！

選項❷ 提出相處的新理由

「我想學水彩畫。你願意和我一起學嗎？」

「我想學衝浪。你有興趣和我一起上課嗎？」

「我想學寫詩。你要不要一起來上課？」

在友誼中提出強力的重心，有助於彼此了解為何要花時間相處，讓你們可以說：「我要花時間和這個朋友相處，因為……」

- 我們參加了地方商場規畫的健行隊。
- 我們一起學習如何解讀塔羅牌。
- 我們參加了同一個寫作小組。
- 我們上同一堂飛輪車課。
- 我們參加同一個雜學會。
- 我們一起錄製關於真實犯罪的播客節目。
- 我們喜歡一起去看電影。

選項❸ 協調新重心

你和朋友於二十多歲時曾住在一起。現在，你們各自有伴侶，無法再像從前一樣可以隨時相約看電影，或是到當地酒吧找樂子，於是友誼開始搖搖欲墜。這時就是協調友誼新重心的時候。你永遠可以提議朋友找你當他的責任夥伴。

· **高中時代的朋友：**「告訴我你的夢想。你想學什麼或改變什麼？我身為朋友又能幫什麼忙？」

· **兒時的童軍營朋友：**「我有個點子，你來當我的旅伴好嗎？也許我們可以每年秋天都計畫一個多天旅行，你覺得如何？」

· **住附近的熟人：**「我們是因為孩子上同一所學校而結緣的。我想成立一個健行社團，你要不要一起參加？」

· **職場朋友：**「我想加強自己的商業社交技巧。你要跟我一起在附近找這類工作坊加入嗎？」

如果你提不出繼續保持友誼的理由，那不妨暫時冷卻一下，順其自然吧。假裝你們是在休息片刻，或是到棕櫚泉旅行了。你們仍然可以對彼此友好，在生日或其他時候相互道賀。但直到清楚有力的理由出現之前，你可能必須讓友誼休眠。等到你處於人生的不同季節，再回頭看看這段緣分。

如果朋友有自己的需求與義務在身，那這段友誼可能不是他目前的重點。友情冷卻的原因未必和個人決定有關，不妨簡單地告訴朋友：「我們過幾個月或到下一季再聯絡吧。」眼前讓友誼延續下去的理由可能不夠強烈，但未來永遠有機會。只要那股渴望在，任何事都有可能。

友誼由濃轉淡的例子包括：

- 朋友搬走了，心力轉移到新社區上。
- 朋友結婚了，正進入成家模式。
- 朋友離婚了，正處於療傷期。
- 朋友進研究所進修，所有心力都放在學位上。

你不妨對他說：

「聽起來你最近很忙，那很好啊。我的大門永遠為你敞開。我們一年內再聊。」

「恭喜你平步青雲。我完全能理解你的行程很滿。如果你想喘口氣的話，隨時可以找我喔。」

「讀到這篇文章時，我想到了你。我知道你忙於課業，我衷心祝你學業順利。我很驕傲你這麼用功。我知道很不容易。如果你想找讀書夥伴，可以告訴我。我很樂意和你一起找咖啡館讀書。」

「我想念你。你不用回覆，我知道你最近很忙。如果你想找健身夥伴的話，隨時可以找我。」

珊曼莎的經驗

珊曼莎是來自紐約州長島市的樂手，曾有一群固定來往的朋友。但自從她成為兩個孩子的母親以來，她覺得時間愈來愈不夠用。她說，樂手間的友誼有某種時間表、生活方式與節奏。「你所有的朋友可能隨時有空，從中午到晚上都能見面，因為我們沒有正職，或著他們會離開六個星期，你根本見不到人影，只會偶爾收到一、兩條簡訊。」她說：「我認為，樂手之間的友誼就是這個樣子：斷斷續續的但很濃烈。」

當她參加巡迴演出並時常要錄音後，朋友圈就開始縮小。「有些要求較多的朋友會質問你：『為什麼不打電話給我？』」有些人則指責她棄朋友於不顧。「他們無法像同為樂手的朋友一樣，理解你說的『一年內再見』是什麼意思。」那些非音樂圈的朋友很介意她這樣時時失蹤。她知道，很多表演藝人在為人父母之後，就會找個正職工作並搬到郊區住。

她現在的朋友都是為人父母的表演藝人，因為他們了解休息時和巡迴演出時有不同的時間表。「只有特定的少數人才能了解那種時間與情感的付出。」她說道。隨著朋友圈變小，他們對彼此的了解也愈深，更能提供有意義的支持。

她也接受以某項計畫為主的友誼。例如，她成立了一個打牌社團，另一些朋友則是圍繞著出版小誌打轉，友誼的「重心」就是這樣培養起來的。現在，她的朋友大多是其他樂手。

珊曼莎的原則是，不論她有多喜歡對方，或是她以為彼此有多親密，她絕不追著朋友跑。「我有幾個衷心欽佩的朋友，他們就是我的一切，卻從不主動打電話給我，也從不回我的訊息。每當我看見他們，他們會說，『天啊，見到妳真是太開心了。』這時我會想，『很好！我也很開心見到你。但如果你不回電，我們就無法一起玩囉。』」

如今，珊曼莎已經四十多歲，對友誼的態度是一切隨緣。「我覺得，隨著年紀漸長，或許人也變得比較有定見與自信了，你不會再想追著別人跑。你的期望改變了，因為朋友圈已經縮小到僅剩下跟自己相近的人：參與許多計畫、有自信而有趣的人。」珊曼莎的一位好友曾約她去參加一場婚禮。他們在那裡跳舞、喝酒、大快朵頤。然後，兩人突然躲到一個小角落，長談自己的待人處世哲學。珊曼莎很喜歡這段往事，因為這顯示她心愛的朋友們是多麼有趣、靈活又有創意。

我們現在知道了友誼瓦解的大小原因，那麼，要如何維持那朵渴望的小火苗不熄滅？第一步是回想人們交友的五大初衷：

1. 支持

2. 伴侶
3. 職涯
4. 嚮往的特質
5. 社交

只有我們自己可以決定哪個理由是維持友誼的強力原因，這在別人身上亦然，只有他們在任一方面的渴望強而有力，才會覺得非與我們結緣不可。這完全取決於他們。

然而，我們可以努力培養自己的支持技巧與令人嚮往的特質，主動策畫令人愉悅的出遊計畫，朋友才會更願意與我們培養長久的友誼。

消除友誼中的疑慮

如果朋友沒有回覆我的簡訊，我的大腦會本能地尋找理由。也許她的新工作太忙，沒空回覆我。也許她弄丟了手機。也許她討厭我。叮叮叮！一定是這樣。雖然沒什麼證據，但我的傻大腦總是會妄下斷語，相信最糟的答案。人就是如此，尤其是缺乏安全感或自覺矮人一截的時候。

懂得因應這類資訊不足的情況，是成為絕佳朋友的關鍵要素。要是你相信自己提出的那套解釋（並據此行動），可能會毀掉友誼。我們知道面對未知數時，大腦會試圖讓自己放心。我們的生物性使我們天生傾向從敘事中尋求慰藉。在缺乏資訊的情況下（為何哥兒們要搞失蹤？為何朋友忽視我的私人訊息？），我們往往容易自行補充（哥兒們不關心我，朋友覺得我很煩）。但問題就在於，如果你忐忑不安，所提出的解釋也傾向反映出你的忐忑不安，而非真相。也許你的哥兒們有要事得辦，而你的朋友根本沒看到你的私人訊息。

蜜米的經驗

蜜米告訴我，她發現友誼中出現疑慮，遠比任何人公開表達不喜歡你還令人難受。她說，因為我們時常自行解釋某人的反應或無反應有什麼意義。在那些陰暗、安靜的片刻，她會疑心自己做錯了什麼。她可以為對方的拒絕提出千奇百怪的理由。她說，這令人疲憊。

「這麼特別的關係不該這麼困難。」她的聲音發顫，「明明應該是陪我度過高低潮的朋友，不該讓我如此提心吊膽啊。」

蜜米仍為了一位出於不明原因拋棄她的朋友而感覺受傷。「我真的很關心她，所以必須盡量讓自己不去想這件事，因為這實在沒道理。我可以馬上提出一百個理由，說明是因為自己做了或沒做什麼，但我也沒把握這麼想是否有幫助。」

失去朋友卻不知道原因何在，那種心碎令人難以釋懷。在愛情中，對方拋棄你時，通常還會談談分手的原因：

「我還不想定下來。」

「我遇見別人了。」

「問題不在你身上，錯的是我。」

「我們要的東西不同。」

朋友之間則往往不會提出什麼絕交的理由，而是直接坍塌……就像做壞了的舒芙蕾那樣。若不清楚絕交的原因，可能會讓人產生強烈的屈辱感。我要如何向其他人解釋？我要如何對共同的朋友說明我們不再往來的原因？真令人痛心。還有寂寞，因為你往往必須獨自咀嚼那種心碎。

重修舊好

明白友誼的重心何在，能使友情升溫，而且這在你考慮與某個友人重修舊好時是一大優勢。大多數人會犯的錯是，他們期待中斷的友誼能從原地復甦，但那往往是不切實際的幻想。如果你們的友誼中斷得很徹底，雙方在不聯絡的期間有各式各樣左右生活的事件發生，包括結婚、離婚、生子、照料某人、搬家、換工作等。不僅你和朋友都會受到這類經驗影響，促成友誼的核心理由也可能早已過時。也許，來自同一座城鎮、喜歡同樣的牙買加斯卡（ska）音樂風格的樂團，在你們高中時代是加強緣分的因素，但如今你們都已經成年，那些原因不夠有力，不足以使你們在偶爾聯絡，聊一下近況之外，再有什麼其他連結。

布列塔妮的經驗

布列塔妮覺得自己有很多朋友。有時，她覺得與其出門認識新朋友，不如回頭找過去的熟人重修舊好來得容易。她說，高中朋友們並未完全消失，只是畢業後二十年來，大家都經歷過一些人生波濤。

如今，她們都有了幼年的孩子，布列塔妮認為，或許這是恢復聯絡的好理由。「大家碰碰面、放鬆一下，感覺很好。」她說：「我們已經二十年沒聊了，所以碰面後就可以直接進入情況。或許你根本不須熱場子，只要坐在那裡就好，不必帶有多餘的期待，那種感覺自在極了。認識新朋友時，你得要閒聊一會兒，探探彼此的底子。但面對已經認識了一段時間的人，就可以省去這個麻煩。」

重新聯絡好久不見的朋友，或許對你行得通，只是要確實提出對雙方而言清楚有力的友誼重心，並接受人事已非的事實。這將成為友誼重新滋長的最佳機會。

主動出擊吧！

Chapter 12

「用心」與投入關懷及注意力有關，關乎雙方能否一起挪出時間，來保持友誼堅固、活躍而健康。

我閱讀克里斯帝安·朗坎普博士的《務實的友誼》，兩大心得是：一、我們不該把朋友視為理所當然；二、我們應該努力與朋友創造更多回憶。[1] 說實話，「創造回憶」這一點令我意外，誰會聯絡某人說「我們來創造回憶吧」？人們舉行生日派對，是為了在當下同樂，而不是為了在某個神祕的未來時刻回顧以往的生日派對。

但朗坎普博士的忠告觸動了我的心弦。大家給朋友的「好想你喔！」「想見見你！」的這類簡訊聽來窩心，卻沒有實際感。這類泛泛的簡訊並不會打動我們的靈魂。

研究顯示，沒有什麼能取代與朋友面對面相處的時光：那種率性、發現彼此的感覺、無與倫比的樂趣。想像自己對密友說：

「你還記得我們怎麼搞砸那場婚禮的嗎？我不是還跟那傢伙跳舞嗎？他叫什麼名字？喬伊叔叔？對啦，喬伊叔叔！」

「你還記得我們為了龍蝦捲，租車開到緬因州再回家的那一次嗎？回程中，我們一路上都開著天窗，播放布魯斯・史普林斯汀（Bruce Springsteen）的歌來聽。」

「你記得嗎？我們租過一間小屋，在裡面聽著蘿蘋（Robyn）的歌跳舞，還反覆聽〈打電話給你的女友〉，在火爐邊烤墨西哥玉米片。那玉米片很難吃，但我們很餓，還是把它吃光了。」

「你還記得那次我們去野餐，我帶了溫過的氣泡酒嗎？我們喝光了整瓶酒，還抱著那兩隻拉布拉多貴賓狗不放。」

「你還記得我們去參加的那場派對嗎？我跟某個叫史帝芬的傢伙說我是合格的捕鱷人，還說只要兩年的線上訓練就可以了。真不敢相信，你從頭到尾都沒露餡。」

想像一下你們回憶那些年少輕狂的往事時，捧腹大笑的樣子。

蜜西的經驗

「真希望自己到了這個人生階段，已經更懂得怎麼交朋友了。我總是發現，人得要持續創造新體驗、新回憶，才能滋潤友誼，讓友誼成長，而有時這並非易事。」她說道。

喬伊的經驗

「人們在談戀愛時，會期待彼此付出心力，拿出最佳表現。」喬伊說：「我們自然會想看見努力有收穫。那是世上最不言自明的事。人人都會說『維持婚姻不簡單』，對吧？確實如此。但人們對友誼卻不會這麼想。」

他的哥兒們不怎麼樂意努力維持彼此的友誼。事實上，一個朋友還當著所有哥兒們的面說：「我不想為我們的友誼努力，因為我得為家庭付出，還要努力工作，關心妻子，應付親戚。我和你們在一起時只想放輕鬆，什麼也不做。」

「我們聽了以後就對他說：『你還是要付出一點努力吧。』」但那位朋友拒絕了。他們大吵一架。「我懂了。」喬伊對他朋友說：「你得忍受一大堆無法掌控的人事物，所以和我們在一起時，你就不想再付出任何努力，也不在乎『噢，那個玩笑會不會惹怒誰』了，對吧？但人生不是任由你決定的。」

如果你想擁有真正全心全意的友誼，就必須合力創造快樂的回憶。「友誼必須是一種動態關係，因為人不是靜止不動的。」狄吉斯－懷特博士這麼說。[2]「因此，如果我不願意接納你的改變，或是你不願意接納我的變化與成長，那麼友誼只好到此為止。人類不是靜止不動的，所以我們怎麼能期待關係永遠不變呢？」

想想你相識多年的童年老友。你們從小學二年級就認識了，每年都會聯絡一、兩次，聊聊彼此的近況。雖然你們的友誼是起自那段已經過去的靜止時光，但友誼並非永遠不變。「隨著時間過去，友誼會變得更活潑、更靈活，因為你們仍會聯絡並為此付出精力，你仍舊關心他，他也關心你過得好不好。」狄吉斯—懷特博士說道。

關鍵是要保持友誼的平衡，使雙方都感覺溫暖窩心。「交友的能力因人而異。」狄吉斯—懷特博士說道。有些人每逢節日就會寄手寫卡片給朋友（不是我！），有些人要花兩年才擠得出一條簡訊給好友。每個人投入的能力不同。有些人有空間、時間和金錢來與他人結緣，有些人則沒有。因此，狄吉斯—懷特博士說，如果你不是某位朋友首要關心的對象，別太生氣。

我們應該設法跟朋友面對面相處，因為有關心我們的人陪在身邊，著實很療癒。我們需要強力的支持網絡，因為這會讓我們感覺良好。「想一想你住院的時候，大家來探望你。」她說：「那一刻會使疼痛凍結，因為你會專注於那一刻的美好時光。」你知道我陷入人生谷底時，喜歡看什麼嗎？我會反覆看電視節目《無厘取鬧》（*Jackass*），沒完沒了地看強尼．諾克斯威爾（Johnny Knoxville）那幫人彼此惡搞下去。朋友也可以像那樣把我們拉出泥沼。「這就是友誼的能耐。朋友能帶來一種愉悅感。友誼能激發多巴胺、催產素與所有令人感覺良好的神經傳導物質，有益我們的身心。」她說道。

在《快樂記憶，讓現在更幸福》（*The Art of Making Memories*）中，快樂研究學會執行長麥克・威肯（Meik Wiking）深入探討快樂的回憶能帶來多大的影響。他在研究中對來自七十五個國家的一千多名受訪者提出問題：「請描述你的一個快樂回憶。」請他們寫下回應。

分析上述回應後，他發現了一些模式。儘管文化背景不同，但顯然人人的快樂回憶是有共通點的。人們傾向記得新奇、富有意義、充滿情緒的經驗。他也發現，人們最鮮明的記憶，與清晰的視覺或特別的氣味等感官經驗有關。

威肯深入檢視這份「快樂回憶」研究的結果，辨認出打造快樂記憶的幾種成分，他稱之為「記憶宣言」：

1. **善用「第一次」的力量**。找出新奇的經驗，努力使你們的相處特別。
2. **提出涉及多種感官的計畫**，不僅有視覺，更要融入聽覺、嗅覺、觸覺、味覺等。
3. **大玩一場**。讓你與朋友的相處時光，成為跟戀愛一樣特殊而令人興奮的約會。
4. **多愁善感一下，創造有意義的片刻**。從你們共同的往事中，提起某些特別或爆笑的回憶、旅行或趣事。
5. **分享彼此的故事**。從「你記得那次我們〇〇〇嗎？」開始。
6. **保存你的回憶**。書寫、拍攝、記錄並蒐集與朋友共度的時光所留下的紀念品，捕捉你們一起度過的高潮與低谷。[3]

威肯在電子郵件裡提到：「身為快樂的研究者，我明白回憶能影響我們對人生的感受。[4]如果一個人活在沮喪中，不但現在無法快樂，也不容易讓某些人記起過去的快樂時光。對我而言，書寫快樂與回憶最能啟發我的一點是，其實我們有能力掌握自己（和朋友）未來會記得什麼。」

注意力就是其中的一個簡單成分。一名讀者告訴威肯，他討論注意力的那一章，讓她想起少女時期某次與母親和姊姊一起用餐的回憶。她們笑得很開心，感覺很快樂，然後母親突然看著姊妹倆說：「希望以後妳們會記得這一刻。」

「三十年過去了，她仍然記得那一刻，因為她母親引導她注意那段時光。」威肯這麼寫道。對某一刻特別關注，能使回憶更牢固。

一九三二年，第一夫人愛蓮娜・羅斯福（Eleanor Roosevelt）與飛行員愛蜜莉亞・艾爾哈特（Amelia Earhart）成為好友。[5]那一年，艾爾哈特完成她的經典飛行，成為史上第一位全程不中斷地飛越大西洋的女性飛行員。羅斯福夫人在那一年稍早的某個活動上介紹艾爾哈特時，與她相識。她們愈走愈近並不令人驚訝，因為兩人都積極推動女權並提倡世界和平，對飛機也都有強烈的興趣。

一九三三年四月二十日，羅斯福夫人邀艾爾哈特及其夫婿喬治・普特南（George Putnam）到白宮留宿一夜。他們到達的當天，白宮舉行晚宴，主人招待了蟹肉湯與天使蛋糕。

晚餐進行到一半，這兩位仍穿著正式服裝的女士決定拋開餐點，跑去開一架雙引擎飛機。她們前往胡佛飛行場（Hoover Field），爬進東方航空公司的一架柯蒂斯（Curtiss）運輸機。但飛機上不只有她們兩人，還有依規定隨行的兩名男飛行員。她們飛到巴爾的摩後就快速返回。羅斯福夫人曾在艾爾哈特鼓勵下申請學生飛行員執照，也是這趟旅程的共同駕駛。

我喜愛這個故事的一點是，它充分展現出友誼中的渴望、用心與愉悅。兩人都熱愛飛行（啟發她們相處的一個清楚有力的原因）。羅斯福夫人為彼此創造了結緣的機會（邀請艾爾哈特與其夫婿前來共進晚餐），並一起做某件兩人都喜歡的事（顯然是樂趣），共享快樂時光。更重要的是，她們面對面相處，率性地快樂出遊，創造出難忘的回憶。

也許你的友誼需要更多新意，也許那就是缺少的成分。威肯建議讀者與朋友相約到沒去過的地方。大玩一場！尋找新奇的體驗。腦力激盪一下，設法為下次出遊增添更多新意。想一想如何運用並提升你們的五感體驗吧。

- 品嚐兩人都沒吃過的美食。
- 做美甲或足部保養。
- 到新開的咖啡館嚐鮮。

・去野餐。
・調製時髦的無酒精調酒。
・一起做志工。
・在客廳拼圖。
・到地方圖書館聽演講。
・到獨立書店一遊（為朋友買一本書，並讓朋友為你買一本書）。
・一起定下某個目標（例如，今天我們要學會怎麼調油漬馬丁尼，或是做水波蛋、巧克力巴布卡蛋糕）。
・天馬行空地想像（可以的話，我們要去哪裡？如果有享用不盡的錢，我們要買什麼？）

羅斯福夫人與艾爾哈特可能根本沒想到要為當晚製造難忘的回憶，但卻這麼做了。這就是為何登入社群媒體和讀簡訊，無法令人感覺充實的原因。就像垃圾食物缺乏營養，透過螢幕與朋友互動，也無法為社交帶來營養。

如果用肉汁來比喻，快樂的回憶就像使肉汁變得濃稠的麵糊，能為友誼帶來真心、甘美與實感。各位好朋友，我們要共同創造更多回憶。

成為發起人

瑪莉莎・法蘭科博士開過一門談寂寞的課。她察覺到，有一班同學很親密，下課後會玩在一起，另一班學生卻非如此。她很好奇這兩班同學的差異何在，為什麼其中一班會在課後出遊並變得要好，另一班卻辦不到？

「我注意到，其中一班有一名樂意詢問每個同學『下課後要不要一起去用餐？』的發起人。在他的帶動下，其他十個人就有了更多朋友，儘管他們其實沒花什麼心力。」她說：「在人人皆被動的世界中，發起人就要有很強的動力與活力。我覺得，如果我們有更多發起人，就能為友誼扎下更充實的基礎。」

發起（邀他人一起玩）是一種用心的行動。發起人不僅會主動邀請他人一起玩，也會讓團體中的其他人感覺自己的加入很重要。當一個人感覺到自己的重要性，就更可能參與。一位出色的發起人可能會提出以下理由，請注意這些理由有多清楚有力：

「你對流行文化的解讀總是這麼厲害。要不要每個月大家一起去野餐，分享彼此讀了、看了或聽了什麼？我們也可以多邀幾個人，或許可以稱之為『野餐沙龍』。」

「妳有興趣在這個夏天跟我一起去打棒球嗎？我在這裡可以一起運動的女性朋友不多，和妳多聊聊（地方球隊的事），一定很有趣。妳還認識其他喜歡運動又酷的人嗎？邀他們一起來吧！」

「我家附近的酒吧要舉行猜謎之夜活動。你對這類雜學遊戲很在行，要不要一起組隊參加？我很樂意和你組隊。」

要是你想跟很酷的人一起玩，永遠不乏機會。

以下是朋友們可以一起做的三十種活動。請圈選出適合你的活動。

1. 一起看紀錄片。
2. 野餐。
3. 聽演唱會／音樂會。
4. 在社區附近散步。
5. 健行。
6. 上博物館。
7. 到某地一日遊。
8. 吃冰淇淋。
9. 一起看網路上的初學者影片做瑜伽。

10. 參加作者的朗讀會。
11. 一起做美甲。
12. 一起逛好市多，試吃並分享吉拿棒。
13. 參加播客的現場錄音。
14. 一起看喜劇片的特映場。
15. 參加你那一行的商業社交活動。
16. 成立繪畫或藝術與工藝社團。
17. 相約帶零食看電影。
18. 造訪彼此的家鄉。
19. 一起到美妝網站為朋友買她看中的睫毛膏，並讓她為你買一支新唇蜜。
20. 一起喝杯冰咖啡並相偕去辦雜事。
21. 一起參加學校或職場的活動。
22. 一起看頒獎節目。
23. 在當地慈善機構當志工。
24. 一起報名某堂課程。
25. 舉行衣服／香水交換活動。

26. 到當地啤酒廠喝幾杯啤酒。
27. 一起玩拼圖。
28. 參加當地的運動聯賽。
29. 一起烤餅乾並帶給某個共同的朋友吃。
30. 雙對約會。

答應朋友的邀約！

人們總是會問身為研究者的傑佛瑞．霍爾博士，友誼的祕密是什麼？其實再簡單不過：不要拒絕邀約。「要回應，見面，答應。」他說道。

他問我一個問題：「安娜，如果我邀妳出來玩，而妳從未點頭，我要邀多少次才會喊停？一次？如果我說『嘿，我們應該一起去』，而妳的反應卻是『不，我很忙，我很想，但我太忙了』，或是一直拖延，或根本不回應，那我會覺得『噢，她並不是真的想和我一起玩。』」

假設某天一個職場上的朋友問你下班後要不要一起出去玩，或去見見他的家人，而你拒絕了，「我想，你不用拒絕太多次，人家就不會約你了。」他說：「如果你以為從『開口約』到『不再約』是一種螺旋式下滑的狀態，那就錯了，實際上那是斷崖式的。」

我們必須停止對朋友擺出那種反覆的姿態。霍爾博士說：「我並不是要指責人們，大家都很忙碌，但如果有人問『要不要一起出來玩？』你最好要答應並現身。」

霍爾博士說，如果你真的不太想去，那就要提出下次一起相約做什麼事的建議。如果你非要改期不可，請務必在當下就改時間。馬上改。請認真看待自己的選擇。

我們生活在出爾反爾是常態的文化中，但那不是永遠拖下去的藉口。「在那種跨文化溝通課中，流傳著這樣的一件小趣事；他們會教其他國家的學生，當美國人說『改天再聚』，那只是嘴上說說而已。」霍爾博士說：「不同文化的人會感到困惑，他們的反應是：『那好像是真的要約我，是滿親密的邀約。』但他們必須了解，在我們的文化中，那不代表什麼。在我看來，那其實滿丟臉的，因為我們時時都察覺到緣分發展的可能性，卻幾乎什麼也沒做。」

他說，其中的一大難題是，人們找到新工作、上新學校、搬到新地方時，就必須從頭開始。「但他們不習慣從頭慢慢培養友誼，付出時間，步步為營並堅持下去。不過，他們也沒有繼續保持以前的人脈，所以處境艱難。」

對於想交友又怕被拒絕的人，霍爾博士深感同情。如果你期待友誼自然而然發生，這是很不利的。「因為沒有人會在那裡等你。就某些方面而言，友誼的好處是朋友會做你想做的事，但不會有那種現成的朋友自動出現在你眼前。」霍爾博士說：「他們也會選擇要不要與你當朋友。他們與你的不同之處，足以協助你成長、改變，使你成為未來的自己。因此，你也不會想跟一個宛如你的鏡像、你說什麼他便做什麼的人當朋友，那太悽慘了，就像《黑鏡》（*Black Mirror*）影集的劇情重現。」

聯絡陌生人

潔絲敏的經驗

潔絲敏喜歡在個人和職場生活中突然寫電子郵件給陌生人。「我們在工作中會運用這類確實很有效的策略，卻覺得這在個人生活中並不適用。」她說道。潔絲敏在幾年前曾經冷不防地傳訊息給我。「我欣賞妳的作品。」她說：「我希望妳知道我是真心喜歡。我不抱什麼期待，也沒有其他意圖，只是想讓妳知道妳的著作改變了我。」

「現代人讀到某些內容並深受觸動時，大多到此為止。但是，當你多踏出一步，只要你很誠懇，對方也會誠懇地回應，那麼你們就能結緣。」她說：「不過你必須投入心力，不能只（在社群媒體上）交談幾句便收工。」

沒有人生來就是溝通專家。事實上，我也曾經傳訊息給幾個欣賞的人。以下的例子稍微更動了資訊，以保護個人隱私，但完整保留了我寄給他人的信件內容，其中有的成功了，有的沒那麼成功。

二〇一〇年，我寄信給費城一位當地部落客的內容如下：

我：嗨，哈利！我一直都有讀你的部落格。不知道我們有沒有見過面，但我想介紹一下自己。嗨！我叫安娜。

哈利：安娜，私訊見面愉快啊！哈哈。謝謝妳讀我的部落格。我也讀了妳的部落格，感覺很有趣！

如果非打分數不可，我會給自己的這則訊息打一分（滿分十分）。有一分是因為至少我拼對了哈利的名字，那還算值得稱讚。除此之外，一切都很乏味。我沒有提供任何資料，沒有給對方任何行銷人所說的「行動的理由」。我沒有讓他知道我的來意為何：我是想助他的職涯一臂之力嗎？還是想約他喝咖啡或吃午餐？天知道！我確實沒有幫助他了解我為何要聯絡他。

二〇一七年，我傳的訊息如下，而我的技巧改善得不多。

我：嗨！瑪西。我不想顯得老套，但妳啟發了我身為作者與自由作家的靈感。思考我來年的目標時，我想以妳的成就來激勵自己進步。請保持這了不起的成績。祝福妳！

瑪西：哇，真的很謝謝妳！時機來得正好，因為我正陷入低潮，感覺自己什麼都做不好。所以謝謝妳！<3 妳的成績也很厲害喔。:)

在寄出上述訊息後，我和她沒什麼下文，沒有結為朋友，也沒有變得如同事般親密。什麼也沒有。幾個月後，我又試著聯絡她一次。顯然我沒學到教訓，基本上仍是重複說嗨的策略，卻沒有提出任何清楚有力的理由。

我：嗨，瑪西！我只是想恭喜妳今年的大豐收。每當見到妳的新文章，都會令我振作起來。妳的成就斐然，我深受啟發。祝假日愉快！xoxo

瑪西：噢，真的很謝謝妳！恭喜妳今年也交出了很好的成績單！<3 假期愉快！xoxo

我給自己的這則訊息打兩分。這很像是開車路過，順道打聲招呼，沒有進一步深交的意思。我沒有稍做停留，原因何在，我也說不上來。

自從幾年前成為全職自由記者以來，我就以這種冷不防聯絡陌生人（cold call）的方式，來讓自己茁壯。我在以下的訊息中，聯絡一位我很欣賞的西岸記者：

我：嗨，凱薩琳！從費城向妳說哈囉。我是妳的大粉絲。我訂閱了妳的新聞通訊，也鼓勵我的幾位作家朋友訂閱。我真的很欣賞妳的寫作。願妳保持下去！

我給這則訊息五分。凱薩琳開心地回覆了，最後我們與幾位自由作者成立了一個虛擬團體。這則訊息成功的地方，在於我提出了一些東西：宣傳她的新聞通訊。我為她做了某件事，讓她覺得自己也要問問她能如何回報。迄今，我們對彼此仍然友好。

我在二〇一九年聯絡了一位名為茉莉的自由記者。請看看我如何讓她快速地敞開心房，這證明我學到要領了：

我：嗨，茉莉！我們來個電話約會好嗎？我很想多認識妳和妳的計畫。何時方便？我明天和週三的早上十點到下午四點之間都有空。希望我們能很快通上電話！

我給這則訊息結結實實的八分。這比我以往傳給任何半陌生人的訊息都成功，簡直是飛越式進展。以下是另一則訊息，這次是聯絡費城的一位作者，她為費城一本雜誌的無子女伴侶主題撰寫過封面文章。

我：嗨，潔西！我拜讀妳的文章已經有一陣子了。看來我們都住在費城。妳住在哪區？

潔西：嗨，安娜！我也有追蹤妳的文章，所以我真的很高興妳聯絡我！我人在（省略）。找一天出來面對面談談寫作吧。

我：我很樂意出來喝咖啡或吃午餐。二月二十八日週五或三月一日週日，我都有空。

在這個例子中，我聯絡她的理由清楚有力：我們是同一個城市的作者，寫的主題也大致相同。結果是，直到今日，我們仍保有相互扶持的美好友誼，每三、四個月就會碰面一次。

以下是我聯絡一位女性的訊息，當時她宣稱自己剛好在寫一本非虛構（Non-fiction）書籍：

我：恭喜，希瑟！我今天才剛宣布自己的寫書計畫。看來我們寫書的時程相近，因為我的書大概會在二〇二四年春天出版。酷斃了！如果妳有任何需要，隨時都能聯絡我。我很樂意分享媒體窗口的名單，成為妳道義上的支柱……需要任何協助，儘管開口。

希瑟：我也一樣！我走到這一步真的很不容易，不知道自己還能期待什麼，尤其談到寫一本報導著作的時候……我的朋友都去寫回憶錄了。

結果呢？在我撰寫本書的此刻，希瑟與我已經成為寫書夥伴。我們每週開會，分享彼此寫作過程的辛酸。我們的寫書夥伴關係能夠展開，是因為我寫信給她，提出協助她的建議。美國影集《曼達洛人》（*The Mandalorian*）的主角所說的「我輩之道」，我也體會到了。

在更成功的例子中，我會強調自己喜歡對方哪一點，以及我們應該保持聯絡的原因。這麼做能讓人們感覺到自己的重要性，也就更可能答應我交友的請求。或者，如果他們沒有點頭，也可能反過來提出建議，讓這份關係保持在令他們自在的活動或來往層次。

練習 訓練自己去結識陌生人

選出一到三個你想約出來玩的陌生朋友，練習寫訊息來吸引對方點頭。在每則訊息中，務必說明你是誰、為何聯絡他們、你希望發生什麼事。

下面以一個真實生活的例子協助你起步：

有個很受歡迎的播客女主持人剛搬到我家附近。我覺得她很酷，想跟她交朋友，我們來看看能否約她出來。

1. 朋友的名字：瑪莎

我是誰：嗨，瑪莎！我叫安娜．戈德法布。我是寫友誼主題的記者。沒錯，確實有這種記者。

我聯絡她的原因：我們是鄰居。（從對街揮手說嗨！）

我希望發生什麼事：我常到附近的咖啡館寫作。妳有興趣和我一起在那裡喝杯冰咖啡嗎？我想聽妳談談工作，以及妳搬到費城的原因。

以聯絡陌生人來說，這則訊息還滿充分的。我的語氣輕鬆隨意，是希望她能答應我的邀約。

現在換你來試試看！請完成以下練習，你能想出多少可能成為朋友的人，就練習多少次。

2. 朋友的名字：____________________

你是誰：____________________

你聯絡他的原因：____________________

你希望發生什麼事：____________________

當你要留言給不認識的人時，不必那麼戰戰兢兢。你的目的只是盡快讓對方答應。為了達到目標，你必須說明為何你們要往來（或碰面），要提出足夠有力的理由，才能吸引對方。

身為發起人讓瑪莉莎・法蘭科博士獲益良多。事實上，她聯合幾位作者成立了一個小群組，把我也加入了其中！沒錯，當發起人並不容易。或許你要做很多籌組規畫的後勤工作，例如寄電子郵件，請大家投票決定何時碰面最好等。但你對目標的掌控權也比較大。你可以決定這個群組的焦點為何，並規畫每個人的職責。

法蘭科博士說，這些你擔任發起人而串起的緣分，也能幫助你在生活中有更多社交互動。這是好消息，尤其是如果過去幾年來你任由自己的社交生活凋萎的話。理想上，群組成員會定期碰面。「這樣大家才不用老是問：『嘿，有人有空出來碰個面嗎？』」她說：「定好一個日子，比如每兩週的星期二碰面，這樣你們的社交互動就能成為慣例，不必時時追問。」

凱莉的經驗

關於維繫友誼，「除非你願意冒險聯絡，否則就不可能做到這件事。」作家凱莉說：「我是在社群媒體上遇到一位好友（也是作家）的。我得知她也住在同一座城市，所以就傳私人訊息給她，問她願不願意出來喝咖啡。如果我沒有冒這個險，我們就永遠沒有結識的機會了。」

凱莉做對了每一步。她聯絡一位同行，並提出見面的理由（「我們都是作家」），使友誼得以產生。

如果你不願永遠都是發起人

也許你近來感覺很洩氣，因為召集大家的永遠是你。你是創造經驗的那個人，但說實話，那是吃力不討好的工作。要把對你而言重要的人拉在一起卻沒有人回應時，可能會令你自覺老了好幾歲。

羅蘭的經驗

「我希望朋友能更主動提出邀約。」羅蘭說：「幾乎每次都是我在約人。我不認為他們不主動是因為不喜歡我，因為他們通常會接受邀約，大家也玩得很開心！但我覺得，讓大家見面的責任，通常都落在我身上了。」

如果說友誼中有什麼事最麻煩，那就是我們都得主動約朋友出來玩。我幾乎聽得見你對著我

吼道：「安娜，我忙死了。妳根本不知道我有多忙，竟然還想給我更多壓力？也不看看現在的經濟環境？」

你什麼也不用做。如果你很滿意友誼的現況，那做自己就好。但如果你的生活中缺少緣分，如果你想念定期看見那些友善臉孔的日子，就請做出改變吧！何不試著主動成為發起人呢？

你可能必須多試幾次，才能找到對的人。或許你無法一出擊就成功。或許你的彈珠臺聯盟瓦解了、侏儸紀公園欣賞會在見面會後就解散了，但這種事在所難免。也許在你的鎮上，演員伊恩．馬康姆（Ian Malcolm）的粉絲不夠多，但那其實是他們的損失。你不妨試試其他計畫，堅持下去，直到你找到一群熱情的朋友，大家熱中於同一件事物，交情便能就此產生。

艾比的經驗

艾比說：「我希望知道如何好好規畫生活，才不會把撥空給他人當成一件有壓力的負擔。」她覺得自己處於長期壓力下，疲憊不堪，似乎缺少自己的時間。她表示，她在週末和晚上都要陪伴侶，要再考慮其他人並不容易。

「我知道自己一定可以採取什麼行動，來改善自己對生活的掌控力，化不可能為可能，不讓生活成為一堆雜務。」她說：「我知道要有心意與努力，不可能不費吹灰之力，但我不想要那麼辛苦。」她希望知道該如何讓自己更有空，能夠爽快地說好，才能與她試著結下人生緣分的人好好相處。

我懂的，艾比。我要慎重提出以下的忠告：我建議妳先聚焦於一、兩個可能成為朋友的人就好，設法與他們打交道。妳不必憑空創造出整個社交網絡。

我也要（再次）提醒妳，友誼百分之百是選擇的結果！如果妳的渴望不夠強或心不在焉，那麼用心與愉悅就不會出現在這段緣分中。

這很矛盾，也很殘酷；我們會仰賴朋友的原因，正是我們感覺壓力很大，而朋友能協助我們減輕壓力。「在白天跟一個朋友聊聊近況，開開玩笑，或告訴他們，你很想念他們，可以增加你的幸福感，減輕你一天下來的壓力。」傑佛瑞．霍爾博士在其擔任共同作者的研究中寫道。[6]

儘管你盡力成為用心的朋友，卻可能做不到每年記得送生日禮物，或記下朋友的每個重要人生場合。在工作要求與家庭責任之間蠟燭兩頭燒的你，要怎麼讓朋友放心感受到你的關愛？我可以理解你覺得忙碌，但忙碌是一種選擇。忙得不可開交時，付出身為朋友的體貼甚至更重要。你也不想讓朋友揣測你為何沒消沒息吧？如果朋友不清楚自己對你而言是什麼，他們就容易自行想像（往往是不正確的猜測）你撥不出空的原因了。

蜜雪兒的經驗

「真希望我知道如何決定朋友的先後順序。」蜜雪兒說：「我很友善，所以經常發現自己莫名其妙地就跟某個並不特別心儀的朋友結緣。一旦有了新朋友，就要相處，但我已經好幾個月沒見到以前的朋友了。如果我希望新友誼有進展，就必須找時間相處，但我的大學朋友怎麼辦？我要先約誰見面？」

泰兒的經驗

泰兒想結交酷兒（queer）朋友，但卡在個性害羞這一關。「參加酷兒活動時，我感覺沒人會喜歡我，或是我太害羞，沒辦法主動開口。」她說：「大型社會活動讓我有點害怕，所以要為了認識新朋友而特別參加這類活動，對我來說真是一大挑戰。我很不知所措，不清楚自己能怎麼做。」

友誼導師丹妮爾・貝亞德・傑克森（Danielle Bayard Jackson）表示：「如果我只能請人們做一件事，我會請他們主動出擊約朋友。我不認為問題出在懶惰，而是恐懼。」[7]這位播客主持人及《為友誼而戰》（*Fighting for Our Friendships*）一書的作者，了解這種焦慮有多折磨人。

「妳想念某個朋友嗎？打電話給她吧。」傑克森說：「妳認為她可能壓力很大，不堪負荷？那就去她家吧。妳很清楚自己想要重歸於好，但妳害怕她對妳發脾氣？只要聯絡看看就知道了。妳認為辦公室的那個女孩很酷，但她可能不是很喜歡妳？那就約她吃午餐看看。」

「很多友誼胎死腹中，還沒開始就結束了，因為我們害怕被拒絕。」傑克森說道。如果她能揮一揮魔杖就搞定一切，她會希望人們吞下恐懼，採取行動，主動聯絡就對了。人們渴望交友。就像《綠野仙蹤》（*The Wizard of Oz*）裡的桃樂絲把腳跟對碰三次便可以返家那樣，要設法與人結緣，提出強而有力的見面理由就對了。

嘉娜的經驗

嘉娜發現，如果自己沒有用心付出，友誼就不會持續成長。她是職場上的導師，藉由回饋與讚美來協助同事發揮潛能。「如果我們希望友誼成長，就要對朋友用心。」她說：「某人出乎意料地聯絡我，對我吐露一些動人的話時，我會很開心他們想到我。我會對她說，『妳來聯絡我，即使不知道打不打得通，還是在妳帶孩子從學校返家的路上試著打電話給我，這對我而言真的意義重大。』我想鼓勵人們，繼續這麼做很重要。」

害怕被拒絕的話，就換個角度思考

臨床心理學家暨《如何做自己：安撫內在批評，克服社交焦慮》（*How to Be Yourself: Quiet Your Inner Critic and Rise Above Social Anxiety*）的作者艾倫．亨德利克森（Ellen Hendriksen）指出，如果你想克服被拒絕的恐懼，不妨「換個角度思考」。[8] 如果朋友聯絡你說：「我們去走走或打電話聊聊吧。」你的感覺如何？亨德利克森博士表示，在大多數情況下，你會很開心，甚至受寵若驚，因為朋友主動聯絡你並提議聚一聚。同樣地，你主動提出的邀約，也能讓別人感染那股興奮感。換個角度想，也許你就能了解，自己大可不必那麼焦慮。

她請案主想像自己收到邀約時會有什麼反應，而他們幾乎都會說：「噢，那真是太好了。如果他們主動聯絡我，我會很開心。」他們之所以焦慮，是因為沒把握自己主動邀約會不會被拒絕。「因為不知道會發生什麼事，不清楚怎麼做才對。」亨德利克森說：「因此，如果請他們換個角度思考，想像是別人來約自己，而自己會很開心，那麼他們的焦慮通常就會煙消雲散了。」

將拒絕想成是暫時而非永久的

當朋友告訴你「現在這時間不方便」時，那可能代表他們很忙、生病了，或是身邊發生了一大堆事。「那並不代表是拒絕你或你的友情。那種情況聽起來像是拒絕，但不一定是拒絕你這個人。」亨德利克森博士說道。

如果你不習慣主動出擊，那麼可以縮小格局，改傳一通語音簡訊，或是分享兩人之間的快樂回憶、一篇有趣的文章、一首情感豐沛的歌、一個寶裡寶氣的迷因。

如果主動聯絡卻沒有獲得回音，怎麼辦？

這表示，對方很可能不是你的按摩浴缸之友，而是游泳池之友或營火之友。如果他是重要的朋友，就必須在合理的時間內回覆。這不是規則，而是所謂重要的朋友，本來就是要互惠交流的。我的口號是：「沒有互惠交流，就不算重要朋友！」這句話有點長，我還在精簡中。

好朋友不夠多，怎麼辦？

只有當你對此不開心時，才會成為問題。很多人認為，朋友只要一、兩個就夠了。那一點問題也沒有。你也可能與在生活中扮演重要角色的寵物、孩子、親戚等享有友誼。

如果你對自己的朋友數量不滿意，可以考慮重新與你的營火之友或水上公園之友聯絡。只要你提出清楚有力的聯絡理由，就能看出對方適不適合你。有時，你只要大聲說：「我想要有更多能和我一起（做某事）的朋友」，就足以激勵自己採取行動。

練習　不再在意被拒絕的情況

人們很容易將拒絕內化，以為那反映了自我價值的不足。我們很容易落入這種陷阱。然而，在大多數情況下，拒絕往往不是針對個人，而是受我們一無所知的外力因素所影響。其實，這是我當自由工作者學到的一個教訓。編輯可能會對我寄去的提案說「不」，但我知道那不是反映著我的點子毫無價值。對方會回絕，可能是因為他們手邊已經有一個類似的案子，或是預算被砍，負擔不起這個案子。又或者他們正要進行下一個案子，所以我的提案塞不進他們的編輯時程表。這種事屢見不鮮。當點子被回絕時，我會怎麼做？我會改投其他管道。遊戲就該這麼玩，社交邀約也不例外。

在這個練習中，我們要反覆推敲自己被拒絕的各種原因，克服自己太在意被拒絕的傾向。

◆案例

小朋：「妳要不要和我去看電影？」

小友：「我沒辦法。」

請提出小友無法赴約的三個（非個人）原因：

1. 她找不到人顧孩子。
2. 她現在手邊沒有看電影的錢。
3. 她開始服用新藥，正苦於偏頭痛的副作用，所以擔心出門時會不舒服。

◆換你試試看

小朋：「你要不要去喝一杯？」

小友：「我不能去。」

請提出小友無法赴約的三個（非個人）原因：

1. ______
2. ______
3. ______

・現在，回想你問朋友要不要一起做什麼事，卻被拒絕的時候。

你的邀約之一：______

朋友的反應：

請提出你的朋友無法赴約的三個（非個人）原因：

1.

2.

3.

你的邀約之二：

朋友的反應：

請提出你的朋友無法赴約的三個（非個人）原因：

1.

2.

3.

我希望藉由這種去除個人因素的練習，能讓你對被拒絕的事稍微寬心一些。人類是莫名其妙的動物，並不總是能提出為何自己無法做某件事的原因。請給你的朋友多一點機會，尤其是你的澡盆、按摩浴缸與游泳池之友。除非他們明白告訴你，拒絕的原因與你有關，否則不要把被拒絕的事放在心上。那是你身為他們的好友所應擁有的信任。

藉由上述練習，希望你能抗拒衝動，不要太在意他人的決定，讓自己從那種心理與情緒的痛苦中解脫。下一章我們要培養靈活的心態，欣賞友誼現今的樣貌，進而繼續加強我們在友誼中的彈性。沒錯，就連處處是缺點的友誼也不例外。

心態靈活，讓你愈挫愈勇

Chapter 13

我喜歡充滿情感衝突的戲劇性場面。小時候，我有時會裝病待在家，好盡情觀賞一九八〇年代晚期、一九九〇年代初期的脫口秀節目，包括了唐納修（Phillip John Donahue）、歐普拉（Oprah Gail Winfrey）、瑞芙（Sally Jessy Raphael）、瓊絲（Jenny Jones）、蕾克（Ricki Lake）與史賓格（Jerry Springer）的節目。膽大包天的紐約市夜店青少年、心情不美的哥德風格一族、愛挑釁的騙子、被拋棄的情人等等，我什麼都看。只要給我一箱瑞士捲，我就能盡情地想看多久的電視節目就看多久，那是天大的娛樂，那種快感可以延續好幾個星期。

我愛看熱鬧的個性，也延伸到報紙的諮詢專欄。我每天看完報紙的漫畫後，一定會拜讀〈親愛的艾比〉（Dear Abby）專欄。這裡登場的主要是家庭裡的不公不義，艾比則是決定何者合理、何者不合理的最高仲裁者。忌妒的小姨子、搞不清楚狀況的伴侶、自以為正義的鄰居等，我什麼都讀。這類吵吵鬧鬧的內容，是廣受歡迎的長青樹，每天我都盯著這些小小的失控情節不放。

現在，我喜歡的線上諮詢專欄則是《板岩》（*Slate*）雜誌的〈親愛的普魯登斯〉（Dear Prudence）。最近有一封信引起了我的注意。[1] 請先坐好，因為這則故事會大出你的意料。

寫信的這名男子，最近在把舊電腦的檔案移到新電腦時，無意中看見了妻子與過往高中及大學男友的香豔照片。他很吃醋，但不是因為她曾與他們發生關係或愛過他們。他解釋說：「我吃醋，是因為在照片中，她似乎很努力取悅他們，對我卻沒有，我們的親密生活就更不是這樣了。」他抱怨道：「她化妝，穿得花枝招展，跟他們擺出各種性感姿勢拍照。」她那麼做，都是為了吸引這些傢伙的注意。

身為丈夫，他覺得自己有權享有那些努力。他「為了讓她稍微努力一下，所以百般請求、糾纏、懇請、拜託、賄賂，讓她內疚」，但只是讓他的自我價值感更加低落，他陷入低潮。他問普魯登斯（即潔妮．德絲蒙—哈利斯〔Jenee Desmond-Harris〕）的問題是：「我知道為了給孩子和家庭更好的生活，她在生活中的其他方面都很努力，身體和情緒上都疲憊不堪。我要如何讓她多為我努力一點，但又不顯得自私？」

德絲蒙—哈利斯女士給了他很好的回答，但可能也會引人爭議。她建議這名男子想像一下妻子在高中與大學時期的情境，當時她有揮霍不完的時間可以化妝並拍香豔照片。他應該多賺一點錢，才能讓她辭掉工作，專心打扮。讓她卸下帶孩子和家務的重擔，對這件事也有幫助。其次，他應該打造她年輕時與前任情人在一起的條件，讓她重返青春窈窕。最不好辦的部分是，他應該化身成勾起她慾望並想吸引的男人。

「過去那些傢伙喜歡的是當時的她。」她寫道：「所以你必須讓她知道，你認為今日的她很完美。簡言之，請你自己化身成以你目前的現實來說不可能成為的、徹頭徹尾不同的人，如果你辦得到，那也許她就辦得到。」

在這個例子中，寫信者認為問題出在妻子不夠努力，但其實問題出在他本身對妻子抱有不切實際的期待。

讀到這裡，有人頓悟了嗎？我們有多少次責怪過自己不是很好的朋友，沒有勤於聯絡，邀約不夠主動？

事實是，我們都已經不是多年前結識朋友的那個人了。也許我們為友誼奉獻的能力已經改變，因為我們的目標與責任都不同了。也許友誼本身的基礎已經變質，或出現了其他變化。如果要維持眼前的友誼，我們就必須調整自己對朋友和自身的期待。

關於成人友誼，我可以告訴你的一件最有益的事是：對朋友抱持靈活的期待，是你能給自己的一份禮物。體諒朋友的不便，也能讓對方享受友誼。但如果你要在生活中真正享受友誼，就務必確認自己的期待符合實際。

「期待」是指我們預期會發生在生活中的經驗、感受與念頭。我們對自己有期待，像是希望達到的成就、企盼體驗的里程碑等。我們對自己的教育、職涯、愛情、家庭關係等，皆抱有期待。我們對自己的日常慣例、寵物與好友，也抱有期待。例如，我期待丈夫能應我的要求幫我抓抓背，我希望我的貓艾麗諾在我看電視時，蜷坐在我腿上。

固定不變的期待是僵化、狹隘且短視的。你認為成功是非黑即白的：要不是達到了目標，就是沒達到目標。這類期待傾向於固定在某些目標上，但其中卻蘊含著自己無法掌控的變數。固定不變的期待包括了：

‧如果我沒獲得升遷，就是廢物。

‧如果我沒有完成比賽，就是失敗者。

‧如果我生日時，祝我生日快樂的人不到十個，我就是個沒朋友的可憐蟲。

上述非黑即白的思維，是沒有轉圜餘地、自我同情或感激的。如果你沒獲得升遷，是因為公司季度表現不佳，所以不提供員工升職的機會呢？如果你是因為某種緊急醫療狀況或天氣問題，才沒有完成比賽呢？如果只有三個人祝你生日快樂，但三個都是深愛著你的朋友呢？

另一方面，靈活的期待是開放、好奇、時時變化的，能對新資訊做出反應並據此調整。你意識到可以掌控和無法掌控的力量有哪些，努力找出成功的最新定義，並積極保護自身的餘裕。

「現實」是指生活中實際發生的事，是人生不如意時潑了你一臉的冷水。例如，雖然我丈夫確實在我要求時抓抓我的背（按個讚！），但艾麗諾不太想窩在我的腿上讓我抱著，而是選擇睡在自己的軟毯寶座上。

我的期待中，有些被滿足了，有些沒被滿足。人生就是如此！我們無時無刻都在面對這樣的事。每當我碰到曲球（出乎意料的電話、沒貓可抱）時，就會調整心態。

當然，當我們對自己與他人的期待變得嚴苛時，就難以面對現實不符合期待的失落。有句話是這麼說的：「期待是所有心痛的根源。」果真如此嗎？對我而言，八九不離十。期待落空時，我往往會感到失望、難過、憤怒與痛苦。

例如，最近我的期待如下：

1. **對於習慣遲到的朋友**：朋友說她正在來接我的路上。但我知道她會遲到，所以我會等到她傳訊息說她到了，才會穿上鞋出門。

—**現實**：她遲到了幾分鐘，並在抵達時傳簡訊給我。我沒有發火。

—**情緒結果**：我心平氣和，見到她覺得很開心。

—**我的期待**：靈活又務實。

2. **對於自己身為作家的目標**：我的處女作是一本關於失敗約會的趣味回憶錄，我期待它成為暢銷書，讓我名利雙收。

—**現實**：名利都落空。銷量還過得去，但沒有比出版社給我的預付款高多少。

—**情緒結果：**感覺自己失敗了，很羞愧。

—**我的期待：**對自己太嚴苛了。我沒想到成功有其他的定義和可能性。

3. 對於自己的教育程度：拿到碩士學位，能讓我在市場上站得更穩。

—**現實：**碩士畢業後，我仍在浮浮沉沉地找工作，因為我的學位反而讓我找不到自己樂於接受但低薪的工作。

—**情緒結果：**心酸又慚愧。我覺得自己浪費了時間與金錢去拿學位，而這學位沒能在我期待的時間內派上用場，使求職更順利。

—**我的期待：**嚴苛得不得了。拿到學位一事，本來就不代表適合你的工作會自動找上門。此外，我畢業於全球經濟正好陷入危機的二〇〇八年，所以嚴重影響了我的求職機會。

4. 對於個人生活：結婚後，一切問題便迎刃而解。

—**現實：**婚姻不是魔術橡皮擦。儘管結婚了，問題依舊存在。我學會了和丈夫合力面對問題，這樣似乎比較能克服人生的考驗。

—**情緒結果：**變得謙卑。我對婚姻產生了全新且更成熟的理解。

—**我的期待：**太天真了，也有一點不切實際。

我的期待愈嚴苛，感受就可能愈深刻，而當期待落空時，更可能五味雜陳。期待愈高，這類風險就愈高。對人我抱持靈活而實際的期待，能改善我的心情，保護我不因期待落空而感到心痛、幻滅、沮喪。關鍵是要找出平衡點，在胸懷大志之際，也要接受挫折為人生自然的一部分。我們都必須思考那種平衡在自己人生中的樣子。

當我們對友誼的期待僵固不變，拒絕接納眼前的新資訊時，就容易落得心碎的下場。比方說，你可能期待好友成為你的一切。「我們可能想要某個朋友同時是我們的母親、治療師，又要與我們心有靈犀。」《有毒的友誼》的兩位作者寫道：「雖然偶爾想要那種支持是正常的，但要同一個人擔起所有角色，就不正常了。」[2]

「朋友不可能無止盡地提供讚美、鼓勵、安慰或再三保證。」作者們補充道：「就像你一樣，他們也會有『情緒空窗』的時候。」

談到友誼，人們未必能充分了解「他們面對的是另一個非常複雜的人。而友誼可能不像他們看過的電影或《慾望城市》所描寫的那樣，也就是那種四個死黨的陳腔濫調。」社會學家與友誼專家珍．葉格（Jan Yager）說：「那類影像強而有力，但也不精確。」

事實上，友情的親密度也會歷經各式各樣的變化。

梅瑞狄絲的經驗

「我是個內向的人，而且有嚴重的慢性病，所以我喜歡的是在我不堪負荷時可以忽略一陣子的朋友。」梅瑞狄絲說：「我知道自己隨時可以突然打電話給他們，恢復聯繫。他們知道自己也能這麼做。但必要的時候，我們都可以各自獨立地過日子。」對她而言，她不期待持續交流，才不會因為辦不到而失望。

法蘭的經驗

「要時時相聚的壓力很大。」法蘭說：「我是那種幾週或幾個月沒有和朋友相聚，也完全沒關係的人。但許多朋友很需要別人關懷，希望每週聚一聚，或是時常計畫出遊。」這種需求讓她感覺受困。「我寧可要相聚的時候再自發地相聚就好。」她說：「我是把獨處當成重新充電的那種人。」

丹妮爾・貝亞德・傑克森在從事友誼導師的生涯中，察覺到許多客戶（大多是成就不斐的女性）並不滿意自己目前的友誼，因為她們不太願意直接向朋友表達期待。她們認為，既然是朋友，對方應該自動知道她們想要什麼才對。她們應該不需要自己把期待說出口。死黨應該要像解語花，直覺地知道她們對友誼有何期待。這些深受困擾的案主，打從心底不樂意說出她們的期待。事實上，在她們心裡，必須說出期待就證明了她們的交情不夠深。

「因為同為女性，我就期待妳懂，但妳卻不懂，那我就會得出『妳我友誼不夠深』的結論。」傑克森說。

那就好比不願說出自己想要什麼生日禮物的人。他們希望自己不必說，買禮物的人仍知道要買什麼，才能證明他們的交情穩固而親密。「但我選擇不把自己想要什麼生日禮物告訴你的風險是，你可能不會送給我，我想要的禮物。」傑克森說：「所以我們的處境是：『我應該不需要說，但如果我不說，可能就得不到想要的東西。但如果她是我朋友，就應該知道我想要什麼。』」

這類想像與未說出口的期待很可能會落空。因為我們不是別人肚子裡的蛔蟲。在某個超級科技富翁發明讓人下載他人思緒的裝置之前，我們都得老老實實地多加溝通才行。如果你期待別人猜出你的心思、需要、偏好等，注定會大失所望。

傑克森表示，很多人覺得，開口說出自己的期待，好像多少有損友誼的火花。但老實說，那類期待只是幻想。如果你期待朋友知道，你希望在生日當天有人會神奇地把你送去品酒，那你注定會對這世界失望透頂。要在某個情境下獲得你想要的東西，就一定要開口說出期待。「今年過生日時，我真的很想和你一起去我在社群媒體上看到的那家新酒廠品酒。你覺得如何？」

我對足球所知不多，但我知道球員們會聚商（huddle）彼此的下一步行動。這是運動電影教我的。如果球員沒有這麼做，如果球隊裡缺少這種彼此磋商，那豈不是會亂成一團！友誼也需要這類聚商。

- 與其要朋友猜測你想如何慶祝工作的里程碑，不如直接說：「我的計畫是這樣：為了慶祝成就，我真的很想和你共進晚餐，你說如何？」
- 與其表示你無法參加朋友的派對，不如多解釋一下：「我沒辦法參加你的新家派對，因為當天我們家要聚會烤肉。我改天去看你的新家如何？」
- 對於好一陣子沒見面、對方也沒聯絡你的朋友，與其為此感到焦慮，不如對他說：「我想和你更常見面。我們要如何花更多時間在一起？你有什麼建議嗎？」

我在本書開頭告訴過各位，友誼需要變得成熟，而把你的期待告訴他人，就是一種成熟的舉動。這表示你了解成人友誼的現實情況，能成為密友的最佳隊友。

順道一提，保持靈活不代表你要假裝自己對他人一無所求，雲淡風輕。傑克森說明，靈活與開放特別是指以下兩方面：一、友誼目前的樣貌；二、可能成為朋友的人。

「很多人對朋友的樣子和年紀都懷有成見。」她說道。她鼓勵我們敞開心胸，試著接納在社交軌道上邂逅的人成為朋友的可能性，「允許不同緣分帶給自己驚喜與樂趣」。

在目前的人生階段，或許你還不願意修正你對他人和友誼的期待。也許你喜歡維持原有的期待。要承認人生為我們帶來了不可預料的轉變，也許很痛苦。真的很可怕，對吧？

- 生日時我的密友總會捎來信息，我不想失去那種期待。
- 我喜歡星期二晚上與朋友共度的快樂時光。我很傷心不能再經常共度。
- 我很享受與密友在電話中天南地北地聊，但自從她結婚後（或生小孩、升職後），一切就變了。

但討厭修正自己的期待，是無法拉近你與他人的距離的，只會令你感到挫折而疏遠他們。以下是一些我對朋友改變期待的地方。

二十幾歲時，我期待朋友能：

- 無償幫我搬家到城鎮的另一頭。
- 聽我沒完沒了地抱怨自己的前任情人。
- 約會準時。
- 參加我的生日派對（沒有商量餘地）。

・忽視我喜歡八卦和小氣的毛病（抱歉！朋友們，我發誓現在有改善了）。

到了三十多歲時，我希望朋友能：

・記得在二十四小時內回電話、電子郵件、簡訊。如果我沒收到回音，就會以為她在跟我鬧不愉快。

・到看似時髦的餐廳參加我的大型生日宴（現在要我跟十一個朋友慢慢拆帳，我寧可死了算了）。

・對我的工作感興趣。如果他們沒察覺或認可我的專業成就，我會很受傷。

到了四十多歲的現在，我對朋友的期待變成：

・在大約七十二小時內回覆簡訊。如果我沒收到回音，不會馬上認為這是出自惡意，只會認為我的訊息被忽視，或是對方很忙。

・能體諒我長時間沒有聯絡。

・不要把我長時間沒聯絡放在心上。我也希望他們能試著相信我的本意始終良善。

・如果有心就送我禮物。我絕不會期待收禮物，但有禮物可以收總是令人感激。

・相處時確認彼此的愛與友情。

檢視以上的清單時，我發現一件有趣的事：我為自己設下的標準改變了，從期待朋友為我做什麼事（幫我搬家、關心我的工作、賞臉參加我的生日派對），轉變成需要朋友給我什麼（很多餘裕、偶爾的肯定）。這是轉變，我把這種轉變看成是一種成熟。我領悟到自己不是宇宙的中心，別人也有完整的生活，有著更緊迫的義務與承諾。

在一切完美的世界中，要成為完美的超級好朋友，永遠拿得出精力來與密友相處，要有哪些條件？更多的餘暇？助理？二十四小時聽候傳喚的保母？金山銀山？你的朋友可能也希望自己左右逢源。但事實是，所有人的一天都只有二十四小時，可以用來照應他人需要的時間就只有那麼多。就像寫信給〈親愛的普魯登斯〉專欄的那個人，你可能也給朋友定下了高不可及、不切實際的標準。

修正你的標準，能使雙方更自由，因為這表示你們願意一起成長。

我必須改變自己對他人的期待，接納更務實的友情，不要一廂情願。朋友不會永遠有空接我的電話或是回我的訊息，但那不表示他們不愛我，只是我不是他們眼前的第一要務。不是永遠如此，只是一時的。

要全心全意投入友誼，有一部分是想像著，如果自己（和你的所有朋友）有取之不盡、用之不竭的資源，就會把對方擺在第一位。但我們沒有那種用不完的資源，所以給彼此更多的空間與體諒，好嗎？

死守著過時的期待，就會造成痛苦，因為大腦是預測機器，我們天生就想知道接下來會發生什麼事。但人生是不可預測的，它永遠出乎我們意料。世上總會發生無法解釋的事。人本身就是不可預測的。不過，儘管我們獲得的資訊不正確或不完整，身為生物的我們仍會自動尋找意義。電視節目與電影呈現出的成人友誼圖像，是扭曲或不完整的，只會令我們更困惑。《六人行》（*Friends*）、《黃金女郎》這類影集，呈現的是固定不變的友誼，彷彿不論發生什麼事，這群朋友都會相挺到底。當你需要呈現角色的發展歷程時，這一招還說得通，但真實生活不是如此。在真實生活中，人會生病，會沮喪，會心不在焉，會忙不過來。他們有其他煩心事要面對。

不切實際的期待會使關係緊繃，製造衝突，還會干擾你感恩的能力。你不再能感激眼前擁有的一切，因為你只注意到自己缺少了什麼。如果你希望與死黨連續幾小時不中斷地相處，朋友卻只擠得出半個小時給你，你可能會心情低落。你會因為太專注於這段友誼少了什麼，而無法感激眼前的相處時光。

我們無法用強力膠牢牢黏合友誼，像是在博物館展出的蝴蝶標本那樣永久保存起來，但我們可以掌控自己對這些變化的感受。

對自己懷有期待是一回事，但對別人懷有期待時，就要明白說出來。也許你會害怕。但你知道誰是那個不說出自己期待的人嗎？摩莉・倫華（Molly Ringwald）在電影《少女十五十六時》（*Sixteen Candles*）中飾演的珊曼莎！整部片從頭到尾，她都在哀怨朋友圈中沒有人記得她的生日。

但她有大聲表達自己的期待嗎？她有給別人機會為她興奮嗎？抱歉，珊曼莎，但妳在自己十六歲生日時出的糗，有一部分是妳自己造成的。

如果你年輕時的友誼很棒、很活潑，現在友誼的樣貌可能令你覺得空虛或古怪。你可能會覺得少了什麼，不是當朋友該有的樣子。你們不再那麼親密，不再那麼自動自發，互動也不再那麼有趣了。

拉克什米的經驗

拉克什米為了迎接五十歲生日，和兩個密友一起到南卡羅來納州的查爾斯頓（Charleston）玩五天。她們都沒有來過查爾斯頓。這個地點很完美，因為這裡「可以玩的地方不多也不少，不會多到讓你沒辦法到處坐坐。」她說：「我們會坐著一聊就是好幾個鐘頭。」最令她感動的是「回到小孩模式」的那種樂趣，可以在那幾天中聊個不停，而不是透過電話聊兩、三句。「我知道要大家協調出一個度假的時間很困難，但我真的很珍惜那幾天的時光。」她希望大家都能多花時間「談天說地」，讓朋友們能真正紓壓並分享。

我們二十多歲時很常那樣做，對吧？「你上一次想吃早午餐是什麼時候？」她問道，又說：「我大概有十五年沒吃早午餐了。吃早午餐時，你會對著那一盤蛋坐好幾個鐘頭，只配一、兩杯飲料，或喝咖啡喝個不停，只顧著與死黨們天南地北地聊。」

她說：「現在我不再有吃早午餐的時間了。難道，到某處見一個人，單純地坐著多喝一杯，享用昂貴的蛋和其他一切。不好嗎？坐著與某人深聊。我想念的就是那種深聊。」

友誼的樣子可能是古怪、不尋常的。我們不可能知道未來會如何。有個近三年來都沒交談過一句話的熟人，在我岳父過世時寄來了一張動人的卡片。然而，我以為直到我們在養老院的池子邊穿矯正鞋、喝雞尾酒前，會一直和我在一起的親密好友，卻沒回覆我不久前傳給她的四則簡訊。

期待通常是藏在心裡不表露的，但你的行為仍會透露一二。

- 因為朋友習慣遲到，所以約見面時將這一點納入考量。
- 因為朋友的孩子還小，所以你體諒她，心領她對你的生日所表達的任何祝福。

我的朋友伊芙每次打電話來都會道歉：「真的很抱歉，我沒有好好保持聯絡。我真不是個好朋友。」我希望她了解的是，我並不期待她時時聯絡！我不認為她這個朋友很差勁，因為我允許這段友誼自然發展，所以我們有空再聯絡也無妨。

我們必須務實地把期待告訴朋友。所謂務實，是指你能不能合理地回饋朋友。如果你期待朋友從鎮上另一頭開車過來，為你遛狗一個星期，自己卻做不到同樣的事，那就不酷了。與朋友溝通彼此的期待時，要說得具體明確一點。

「生日時聽到你的祝福，對我來說很重要。聽見你的聲音讓我感覺很好。」

「如果今年過節時我們能交換禮物就好了。你覺得三十美元的預算上限如何？」

「我離婚快滿一年了。如果你在當天聯絡我，對我而言意義重大。」

你可能會卻步，但表達自己的期待才能成為好隊友。

作家暨播客主持人妮娜．巴金（Nina Badzin）認為，這類議題往往是友誼的問題所在。她在自己的節目《親愛的妮娜：友誼漫談》（*Dear Nina: Conversations About Friendship*）中分享聽眾求教的問題。她認為，人們常見的一個毛病是對朋友懷有某種想像，然後根據想像行事，並把自己的感受當真。許多人也對自己總是要主動傳簡訊或聯絡邀約而感到不滿，「真希望我能點醒他們，只要對方答應你的邀約，或他們說不，但提出了下次邀約的時間，那就不是問題。朋友就應該如此。」重要的是朋友終究有回應。在雞蛋裡挑骨頭，沒什麼意義，儘管對有過這類經驗的人來說，感覺很真實。

「很多人不擅長做計畫。」巴金說：「這一點讓人難以接受。」有些人就是比其他人更會管理時間，而有些人的朋友很多，所以不用時常主動聯絡，也總是有人邀他相聚。

對上述所有問題的因應之道是：**不要太在意他人的行為**。與其怒氣衝衝，不如順其自然。「因為無論原因是什麼，對方可能就是不需要計畫。」巴金說：「也許他們比較內向，對時常出門興趣缺缺，但如果有人約，他們還是會很開心地赴約。我的重點是，我們不知實情為何。」

史黛西的經驗

史黛西希望朋友不要太在意她疏於聯絡。她的兒子才一歲大，生活一團混亂。「主動聯絡一個很久不見的朋友，多傳一條簡訊，再聯絡一次，對我來說不成問題，因為我知道自己也常忘了回覆。」

「有時我讀完簡訊後，就去做別的事了。事後才猛然想起：『天啊，我完全忘了回覆。』我根本不是有意的。」她希望朋友們多體諒她。「千萬不要太在意我疏於聯絡的事。」她說道。

消除不確定性

不確定性令人焦慮不安。艾倫・亨德利克森博士在談論社交焦慮案主的著作中提到，他經常發現，這些人怯於聯絡朋友，是因為不知道怎麼做才正確。這種不確定性令他們動彈不得，就像我父親當年想聯絡兒時朋友時也是躊躇不前。

「人們會想好好做，把話說對，還要寄對禮物，結果最後反而什麼也沒做。如果不是全套都做，就是什麼也不做。」她說道。案主會告訴他，朋友的父母過世了，他們不曉得該怎麼做才好。要買一張卡片寫真摯的悼詞給對方嗎？需不需要送漂亮的花束？「他們在腦海裡創造出十五個步驟，令他們疲憊不堪，又因為情緒很多，最後他們反而變得不知所措。」亨德利克森博士說：「因此，到頭來他們什麼也沒做。」

於是，這類猶豫不決的朋友在事後會為了自己沒有馬上行動而懊悔萬分。他們知道自己搞砸，讓朋友失望了。「但那種自己必須幫對忙並好好安慰對方的感覺，令他們心生畏怯。」她說：「我不是在為那些人找藉口，只是試著從另一個角度看事情。」

史黛拉的經驗

史黛拉告訴我，她是朋友圈中第一個失去父母的人，朋友們沒人知道要做何反應。諷刺的是，有個朋友最近失去父親時，史黛拉驚訝地發現，自己也不知道該如何反應。「我試著不去做我媽過世時，別人所做的那些惱人的事。但我發現自己的處境是，我找不出正確的話來安慰她。她和她爸的關係，不同於我和我媽的關係。」這件事帶來了不同觀點。也許在那種充滿情緒的場合，不知如何反應是很正常的。

要協助朋友陪在我們身邊，就要盡量減少這類不確定性。每當碰到情緒很多、不確定期待為何的時刻，給你的小圈子務實的資訊，有助於他們自信地現身。

練習　清楚表達你想要什麼

1. 事件：你的寶貝寵物過世了

—**盡量減少不確定性，消除朋友的忐忑：**「我已經能克服那種失落感了。你們不用寄卡片或花給我，但我這週想跟你們出去喝杯咖啡，提振一下精神。」

—**給朋友的行動指南：**約時間和我喝咖啡。

—**結果：**你的朋友明白了如何給你最好的支持。

2. **事件**：孩子的週歲派對

—**盡量減少不確定性，消除朋友的忐忑**：「嘿！我很希望你出席派對，但我知道小孩的生日派對不合你的胃口。如果你想要，我們下週或下下週碰個面，就只有你和我。也許我們能在你家附近好好散步。你覺得呢？」

—**給朋友的行動指南**：約時間一起散步。

—**結果**：朋友明白了自己可以婉拒出席孩子的生日派對，但你們的友誼依舊完好如初。

現在，換你來思考如何減少這類不確定性了。

3. **事件**：你的單身女子派對

—**盡量減少不確定性，消除朋友的忐忑**：「嘿！我好期待你來參加我的單身派對。派對在星期六晚上六點到十一點舉行。如果你因為任何原因要提早離開，完全沒問題。我知道你喜歡早上健身，我懂！請隨意就好。」

—**給朋友的行動指南**：＿＿＿＿＿＿＿＿

—**結果**：＿＿＿＿＿＿＿＿

4. 事件：必須照顧某位長輩

—盡量減少不確定性，消除朋友的忐忑：＿＿＿＿

—給朋友的行動指南：＿＿＿＿

—結果：＿＿＿＿

5. 事件：你辭掉了工作

—盡量減少不確定性，消除朋友的忐忑：＿＿＿＿

—給朋友的行動指南：＿＿＿＿

—結果：＿＿＿＿

要說明的是，要不要給朋友行動指南，完全由你決定。亨德利克森博士表示，在你傷心難過或壓力很大時，對朋友解釋如何安慰你，並不是你的工作。「但在此同時，如果有人想安慰你，你可以做的是降低自己的期待。你不妨說：『只要打電話給我就好了。你什麼也不用說，我說你聽就好。讓我發洩一下，就是給我很好的幫助了。』」如果你想要提供行動指南（不一定要這麼做），朋友們會比較有把握。「你不用特地準備悼詞，只要打電話來讓我聽聽你的呼吸，半小時就夠了。」

簡單實際的指示，能減少你對朋友的有作為與無作為的失望。他們無須費心揣測你的需要，這是你給他們的一份禮物。這親切的訊息就如同足球的聚商：「嘿，我不期待你知道怎麼做。我只是要說明一下我的需要。」

多主動嘗試，什麼都好！

如果你是那種不清楚朋友對你有什麼期待的人，感覺自己是在一片黑暗裡摸索，那就主動嘗試看看。亨德利克森博士在讀大學時，還不確定自己想走哪條路。有人建議她每種工作都試試看，反正她總會學到什麼。如果剛好適合，那就太棒了！如果她很厭惡，起碼知道了自己不想要什麼。

朋友有需求時，要找到安慰他的方法，是需要冒險的，因為你有可能表錯情，但無論如何，你都能從中多認識自己或對方一點。

乾脆地寄出那張手寫卡片或照護包裹（譯註：國外有為需要的親友寄送一包食物或衣物的習慣）。不要鑽牛角尖，以免讓自己無法在朋友陷入痛苦時有所回應。

我有一套讓我不必傷透腦筋的小策略。比如，朋友的寵物過世時，我會以牠的名字捐錢給動物收容所。朋友的手頭拮据時，我會寄送餐應用程式的禮物卡給他。這些都不是什麼時髦做法，但如此一來，我就不必揣測對方的需求，還能表現心意。以商業術語來說，這是一種雙贏局面。

務實的期待對友誼不可或缺

我們對成人友誼應抱有何種期待？這個嘛，過去我總認為，一旦我擁有珍貴的不凡友誼，它們就會長久地自動運作下去，永遠不變。在我過去的想像中，友誼就像雙向密合的拉鍊，但事實上根本不是如此。

我們在愛情中發現的問題，也會出現在友誼裡。娜塔莉．露（Natalie Lue）是播客節目《行李提領區》（*The Baggage Reclaim Sessions*）主持人及《說不的喜悅》（*The Joy of Saying No*）的作者，她說：「有些人會把朋友視為愛情中的伴侶，或是替代的手足或家人。」這種感受使朋友必須從相識的第一天以來就保持不變。因此如果朋友變了，他們就會覺得自己被對方拒絕或拋棄。

社群媒體「幫助」了我們與好友保持聯繫，就像學步的孩子想「幫」你打蛋做蛋糕，結果反而愈幫愈忙，製造出了更多麻煩。

現代傳訊息的速度攪亂了我們的期待。「友誼變得緊張，跟傳訊息有很大的關係。」娜塔莉．露說道。由於傳訊息激發了立即溝通、交流無礙的期待，我們看得見朋友是否讀取了訊息。露要我們記得的是，人人都想感覺到自己很特別。「但事實是，我們傳（給朋友）的訊息是夾雜在不停飛來的無數訊息、簡訊、電子郵件中。」她說道。我們對那種情況一無所知，所以才會只關注自己的訊息被已讀不回。

請克制自己，不要以焦慮及自我質疑來填補那段沉默。這是你必須積極注意的事。你可能會閃過以下念頭：

- 我做錯了什麼？
- 這個朋友對我不滿。
- 這個朋友很沒禮貌。
- 這個朋友不重視我或我們的友誼。

但所有這類念頭的產生，不過是因為對方沒有即時回覆你的訊息！「如果你對自己沒有信心，那也會顯現在友誼中。」露說：「你會因此緊張，開始用不存在的事來解讀那段沉默。」你或許會想，「他能有多忙？」但你只需要知道，當下他有其他更緊急的事要處理，所以忽略你的訊息並不是針對你。

露提醒我們要多體諒自己與他人，因為我們可不希望別人談到自己時說：「噢，她沒回訊息，可能是對我有什麼不滿吧。」

我請教過婚姻與家庭合格治療師奇翁德拉・傑克森（Kiaundra Jackson）關於我們對朋友的期待。我們的對話令她反思自己多年來的友誼，思考為何有些友誼的緣分不夠強，也不夠健全。那些朋友大多是因為一起長大、上同一間教堂或學校而結交的。

「但當你有了更多選擇且年紀漸長後，那類關係也會改變，其他能帶給你更多價值、穩定感和回饋的友誼與人，變得更吸引你。」她說。[3]「那會為你的生活整體增添價值。」「因此我認為，我們最大的問題，可能就出在期待事情永遠不變。由於事情出現變化時，我們仍遲遲不願放手，所以很難妥協，不願意承認這段緣分已經不再適合我們，或緣分已盡。」[4]

丹妮爾・貝亞德・傑克森也和大多數人一樣，認為：我的死黨和我會一起變老，人生會繼續，我們會各奔東西，但我們永遠會保持聯繫，心心相印。我們會風塵僕僕地去看彼此，打電話長談。緣分始終不滅。

但她的期待並未成真。我真心希望社會中的每個人都能挺過這些變化，或至少提醒彼此，這類變化是可以預期、不可避免的常態。

「我認為沒有人曾讓我們了解這一點。」傑克森說：「沒有人真正討論過友誼會如何隨著人的成長與年齡變化而轉變。」

她鼓勵我們接受各種轉變，因為停滯不前的友誼跟已成一灘死水的友誼感覺起來很相似。「有時因為你與某人相交很久，要區分友誼是停滯不前還是一灘死水並不容易。但有時我們得要想想，『生活就是有高低潮』，所以他是不是正在歷經人生的各種變化與挫折，才選擇在此時疏遠這段友誼？還是我們根本緣分已盡，只是我死守得太久，但現在面對的時候到了：『我是不是該放手了呢？』」

如果你實在不確定是要暫時中止還是結束友誼，永遠可以試著擺脫那種不確定性，不妨開門見山地問朋友：「我們是要暫時把友誼擱一旁，還是承認緣分盡了？」看看對方有何說法，觀察他的舉動。如果朋友沒有反應，或拒絕回應友誼狀態的問題，那你可以假設你們的緣分已了。友誼需要你來我往，如果你們之間不是如此，那就不是健康的友誼了。如果雙方都沒有惡意，不妨保持開放的心態，等待未來環境改變時，或許對方願意再度打開心門。

經營友誼如同攀登高山

為何人們想要登上聖母峰？我猜對某些人來說，攀登聖母峰的一部分魅力在於，能說自己登上了地球最高峰，是一種有利社交的資源。人們想在桌面或壁爐上擺著自己在山頂微笑的照片。他們想述說大自然何其可怖（有雪崩啊！）或他們的裝備有多不中用（氧氣感測器根本不準！）的故事。他們想讓一邊喝波本酒（還是花生醬奇亞籽蛋白搖搖飲？我不清楚今日的冒險家在以自己的登山故事自娛娛人時會喝什麼）一邊聽故事的朋友與同事，留下深刻的印象。

事實上，攀登聖母峰在現今只是作秀。由於來來往往的登山客太多，沿路上都被扔滿了垃圾。食物殘渣、盥洗垃圾、用完的氧氣瓶、髒兮兮的衣物、破損的設備，就像是一九九九年胡士托音樂節（Woodstock）的慘況搬到了喜瑪拉雅山上。據估計，聖母峰的登山客平均一人會製造出八公斤左右的垃圾。問題在於：山上沒有人收垃圾。

這種失控的垃圾問題日益嚴重，有些專家甚至呼籲乾脆禁止人們上山。遊客把生態惡夢帶給了這個脆弱易受傷的地區，要是減緩他們上山的速度，或許能給該區域恢復風采的一絲機會。

這有什麼問題呢？問題在於太多人想從聖母峰賺大錢，所以減緩遊客上山的做法行不通。尼泊爾的當地經濟靠的正是這座山帶來的觀光客。

攀登這座山的理想季節很短，五月最有機會碰到有利登山的天氣，但這短暫的登山季，只增加了盡量大賺觀光財的壓力。政府官員給有意登山的觀光客發放昂貴的許可證，所以他們無意加強管制，以免影響營收。

環保人士說，如果登山客能找自己本國的高山攀爬，這樣對環境比較友善，能大幅減少他們搭長途飛機並坐車到遙遠山區所造成的驚人碳足跡。

登山做為一種運動（還是使命？嗜好？）其實是一種近代的發明。自古以來的大多數時代，人們都樂於讓遙遠山上的巨岩保持原貌。

十九世紀中期，人們不只想要遠觀山景，更想要攀上山頂。「看山景？落伍了。畫山景？好無聊。爬山並感受自己是世界之王的經驗？你說來聽聽看。」十九世紀的歐洲人挺起胸膛，挑著眉毛說道。

紐西蘭探險家愛德蒙・希拉里爵士（Sir Edmund Hillary）與尼泊爾裔印度籍雪巴族登山家丹增・諾蓋（Tenzing Norgay）是一九五三年首度登上聖母峰頂的一對夥伴。喜瑪拉雅數據庫（Himalayan Database，追蹤聖母峰相關數據的非營利組織）的資料顯示，自此之後，已經有將近一萬兩千人來爬聖母峰。從中國與尼泊爾兩側登頂的路上，有數百人喪命。

如果二十世紀的挑戰是設法讓負擔得起的人擁有這種登山體驗，無論他們的登山經歷是否豐富、身體是否健康，那麼，二十一世紀的挑戰就是：要如何使人擁有這種登山體驗，又不使環境（還有他們自己的性命！）陷入風險？

萬一以後我們再也沒有聖母峰可爬了，怎麼辦？難道除了踩著登山靴登頂，就沒有其他辦法可以充分欣賞山景了嗎？

澳洲的烏魯魯（Uluru，從前稱為艾爾斯岩〔Ayers Rock〕）也面臨著這個難題。這座世上最大的巨岩是現代國際觀光客的攀登熱點。這塊長石砂岩是一座岩山、一塊飽受風吹日曬的孤岩，約有五億年歷史，高八百六十三公尺，周長約十公里，是澳洲原住民的聖地。

依據烏魯魯—卡塔丘塔國家公園（Uluru-Kata Tjuta National Park）的官方網站資料，一九四〇年代晚期，遊客開始攀登這座巨岩。[5] 一九七〇年代，澳洲政府就看出了一些問題，而這些就跟遊客攀登聖母峰而對尼泊爾人造成的困擾是一樣的：大量遊客意味著更多垃圾、更多人群、對當地環境的更多破壞。

一九八五年，澳洲政府將烏魯魯的所有權歸還給當地的皮詹賈賈拉人（Pitjantjatjara），但歸還的一個條件是，皮詹賈賈拉人必須將烏魯魯租給國家公園與野生動物管理局九十九年。此外，該地將由雙方共同管理。

二〇一七年十一月，烏魯魯—卡塔丘塔國家公園的董事們投票，一致通過禁止公眾攀登烏魯魯。[6] 這項禁令自二〇一九年秋天起生效。公園官員鼓勵遊客改為徒步欣賞岩山形成的自然美景和當地動植物。這項措施不僅更尊重環境，也更尊重對該地感情很深的原住民。

聖母峰體現的挑戰是：無論要付出多少金錢、肉體與環境代價，都非攀頂不可。烏魯魯則體現了另一種挑戰：要如何欣賞大自然，又不感覺非征服它不可。兩座山，兩種體驗。

・聖母峰的嚴苛體驗

—**征服**：克服嚴酷的環境條件。

—**嚴苛**：僅有幾條窄路可攀頂。

—**非黑即白的思維**：不是攀頂成功，就是不成功。

・烏魯魯的靈活體驗

——開放：與脆弱的自然條件和諧共處。

——尊重：了解要欣賞巨山的巍峨美景有很多方法。

——靈活：願意不以某種特定的體驗來欣賞山的壯麗。

我提出登山的例子，是要用來比喻我們在現代友誼中遇到的挑戰。如果你認為某段友誼就是你的聖母峰，那麼你在試圖征服高山、讓事情屈服於自身意志的過程中，就會製造大量垃圾。但如果你把這段友誼視為一座聖山，就會設法以隨機應變而尊重的方式，尊崇這段友誼。你會考慮整體環境，因應種種限制，而非試圖衝破限制。或許我們的家庭與工作職責變得比以往多，餘暇則變少了，但這不表示你的社交生活就此告終，只是樣貌變得不同。成人階段的問題比較複雜，所以需要更細膩、敏銳的解決之道。要記得，只要懷有對友誼的渴望，一切都有可能！

做出小改變

二〇二二年，愛爾蘭DJ安妮・麥克瑪努絲（Annie Macmanus）提出一個絕佳的點子，決定在合理的時間舉行一場狂歡跳舞派對。《紐約時報》記者安娜・柯德里亞—拉多（Anna Codrea-

Rado）為此寫了一篇報導。[7] 麥克瑪努絲將這場派對稱為「午夜之前」派對，在一家可以容納兩千人的倫敦夜店舉行。活動在晚上七點展開，午夜之前結束，提供了夜晚的一切狂歡，但不會持續到深夜。柯德里亞─拉多在報導中說，這對身為父母與上班族的人來說著實再好不過了。

「混夜店不適合需要睡眠的人。」麥克瑪努絲在社群媒體上說明自己對這場派對的願景，「所以我把時間往前移，給大家一個完完整整的夜店體驗，七點開始，午夜十二點前結束。」

她表示，這場派對是為了「需要在週末保持清醒可活動，承擔不起一夜無眠的人而設計的。」

「午夜之前」派對大獲成功。只是將跳舞派對的時間往前移的一點小變動，便開啟了一片快活的天地。

麥克瑪努絲挑戰了長久以來的夜店原則：活動要在晚上九、十點開始，並持續到凌晨。藉由將時間往前移，這場派對吸引了一群以為自己去跳舞的日子已成為過眼雲煙的新群眾。

「這不僅是一則關於到夜店找樂子的故事，而是關於某個小小的變動、某個時間上的調整，能如何為人們的生活帶來歡樂、美好的不同。」柯德里亞─拉多在新聞通訊中寫道。[8]

友誼中可以做的小變動包括：

- 改變或提早碰面的時間。
- 傳語音備忘錄而非文字簡訊。

・提出交換禮物的新規則：「我們只交換可以一收到就立刻拆開分享的巧克力零食。」
・擬定聚餐地點的新規則：只在提供二十美元以下素食餐點的地方聚餐，或是只在開車不到十分鐘的地方聚餐。
・不要每次聚會就喝酒。

我們必須拿出創意來訂定相聚的時間與地點。但不要天馬行空，因為我們在工作或家庭之外能找到的相聚地點可能很有限。這些「第三地點」為我們提供了在例行公事與繁瑣家務之外的喘息空間。《歡樂酒店》（*Cheers*）的酒吧、《六人行》的中央公園咖啡館，都是這樣的地方。《救命下課鈴》（*Saved By the Bell*）中有麥克斯餐廳，《飛越比佛利》（*Beverly Hills, 90210*）中則有核桃餐廳。

現代友誼的問題，一部分出在這類能讓我們長時間相聚的第三地點愈來愈不好找。你可以把它們想成孵育友誼的地方，一個可以分享煩惱，逗彼此開心的地方。

傑佛瑞・霍爾博士認為，主要聚會地點的沒落，對我們的社交生活帶來了壓力。「其中一部分挑戰在於，我們失去了共同分享的空間。」他說道。智慧手機日益成了人們的第三地點。問題是，智慧手機無法取代面對面的互動。

在二〇一七年發表於《實驗社會學期刊》（*Journal of Experimental Sociology*）的研究中，西安大略大學研究者瑪迪・羅甘尼查德（Mahdi Roghanizad）與康乃爾大學研究者凡妮莎・伯恩斯（Vanessa

Bohns）發現，人們通常會高估其文字訊息或電子郵件的說服力，低估自己在面對面溝通中的說服力。[9] 兩者的差別有多大？「面對面請求的效力，是以電子郵件提出請求的三十四倍。」伯恩斯在《哈佛商業評論》（*Harvard Business Review*）的報導中指出。[10]

該份研究說明，電子郵件最大的敗筆是缺乏能產生信任與同理心的非言語線索。以郵件提出的請求較容易被拒絕，但由於人們通常不願意讓對方失望，面對面提出請求的成功率要高得多。

「今日，人們在面對面溝通之外，還多了許多選項。」霍爾博士說道。他認為，矛盾的是，儘管我們與朋友保持聯絡的選項變多了，我們卻沒使用這些管道交流。

一部分原因在於，寫簡訊與郵件所需的工夫與回報都偏少。簡言之，傳簡訊比約對方講電話或出來碰面更省事。「人們其實是在尋找最低限度的付出。」霍爾博士說：「所以如果他們已經透過群組聊天或社群媒體或簡訊聯絡，他們就會認為：『好了，就這樣。我已經盡到責任了。』」

但他的研究指出，講電話和親自碰面並不相同，寫簡訊與郵件都比不上面對面相處。問題在於，規畫碰面的時間和地點所需付出的心力，遠大於在社群媒體網站上對某張圖片按讚。

既然如此，談到使用我們有限的精力、時間與注意力時，我們必須有所取捨，要更實際一點。你不可能與生活中碰到的每個人，都維持同樣層次的友誼。如果你提出的是這種不可能的標準，那問題就大了。你必須專注於某幾個更有意義的連結，讓你務實地投入心力。

瑪麗的經驗

「我有幾個親密的朋友，我像澆水養植物一樣灌溉這些友誼。」瑪麗說：「我每天都用心照料它們。比如朋友莉莎住在蒙大拿州，而我每天傳簡訊給她，只為了跟她說我想她或愛她。我的密友愛咪和我會逗彼此笑，一個月起碼見兩次面，做兩人都喜歡的事。我的靈魂手足帕皮和我永遠會深入內心，分享我們最敏感的弱點，讓兩人自我反思並成長。」

這些都是瑪麗的按摩浴缸之友，是她優先重視的朋友。請為幾個你優先重視的朋友做出一些小改變。適應彼此的人生變化，能使你們的友誼更有機會變得長久。

談到天長地久的友情，最重要的一面是學習如何真心坦誠地對待彼此，而這要從如何有禮貌地拒絕邀約開始，下一章就來談談這個主題。

如何說不又不會自我厭惡？

Chapter 14

「你要和我一起參加波爾卡（polka）舞節嗎？」我無意冒犯任何波爾卡舞迷，但對我來說這聽起來並不有趣，因為我是那種很容易被人群和吵鬧聲激怒的貓咪。當朋友邀我去時，我猜我會很開心，但我不想要一整個下午都和舞迷們在喧鬧聲中擠來擠去。我可不做這種事，朋友。

有時你會想拒絕朋友的邀約，但體內想取悅他人的那一部分卻對拒絕感到不安。事實上，你可能會說服自己，乾脆答應去做你不想做的事好了，以免朋友失望。

我請教了已經對取悅他人免疫的作家娜塔莉．露，對於有同樣傾向的人，她能給予什麼最有力的建議。「『不』不是髒話。」她說：「『好』其實就是『不』的另一面，所以我們不必把『不』看成是一件壞事。你對某件事說『好』，就是對另一件事說『不』。你對某件事說『不』，就是對另一件事說『好』。」這是一種陰陽關係。

娜塔莉．露認為，過往痛苦的相處經驗，是使人們對於「坦白說不」感覺不安的原因。「他們害怕他人的評判。」她說：「他們害怕如果自己不喜歡別人喜歡的東西，不想做別人所做的事，不照對方的希望表現出某種樣子，那對方就不會想和他們繼續往來。」

維若妮卡的經驗

「有人想奪走我的時間時，我會出現本能反應。」維若妮卡說道。去年她母親過世後，維若妮卡察覺到有個朋友一直催兩人見面。這位朋友提議喝咖啡、去跳舞。她不停傳簡訊給維若妮卡：妳什麼時候有空？妳在做什麼？維若妮卡感覺很有壓力，並對這段友誼的變化感到灰心。

「我不知道這是否跟疫情有關，不知道那位朋友是不是因為我媽過世而想表達支持之意。我不知道她是不是變了，對這段友誼的要求變多了。無論原因是什麼，都讓我感覺進退不得，激發了我的幽閉恐懼症。」維若妮卡說道。

維若妮卡不知道如何拒絕朋友更常聯繫的要求。這感覺很棘手，尤其是如果你告訴朋友這一點時，她的反應可能不太好的話。在這類例子中，你不妨試試下列做法：

- **需要的話，請對方說明清楚**：「你是說要約吃早午餐、午餐還是晚餐？」
- **保持禮貌**：認可對方的邀請。向對方表示感謝。
- **要求給你一點時間**：在反射性地答應之前，你可以說：「讓我想一下。」

· **拒絕**：你可以說：「謝謝你想到我，但我沒辦法去。」

· **重新商量一個你願意接受的方式**：提出另一個時間或活動。

—案例—

小朋：要不要一起去看棒球賽？

小友：（誠懇地）謝謝你想到來邀我，但我不愛看棒球。還是我們改去看電影？

小朋：改天去喝一杯如何？

小友：（誠懇地）謝謝你邀請我，但我有一陣子不喝酒了。還是你想改去野餐？我可以帶氣泡水去。

練習　拒絕邀約

現在，換你來練習如何拒絕邀約了。請寫下你的反應：

朋友：「你要不要和我一起去看丹尼・庫克（Dane Cook）的新喜劇片特映場？」

你的誠懇回答：________________

朋友：「你要不要和我一起去鎮上剛開的那家生蔬食餐廳？一株蔬菜兩百美元，而且只有芹菜和蘿蔔。」

你的誠懇回答：________________

朋友：「你要不要去看阿姆（Eminem）模仿大賽？我的小堂弟是參賽者喔。」

你的誠懇回答：________________

如何拒絕伸出援手？

對我們這些傾向取悅他人的人來說，這是另一個痛點。朋友不時來請你幫忙。如果你幫得上忙，那很好。如果你出於任何理由幫不上忙，那要拒絕他則可能會讓你感覺很有壓力；如果你習慣取悅他人的話，壓力就更大。失望的朋友往往會大受打擊，但有趣的是，你會發現對某些朋友說不，比對其他朋友容易。通常會令你擔心的，是那類不算深交或處境堪憂的友誼。

這就是為什麼釐清朋友對你而言的優先順序很重要。並非只要有人提出要求，你就得答應。你會把自己累得半死，長久下來是行不通的。

身為全心全意的朋友，只有對某些層級的朋友，你才要考慮幫他們大忙：你的按摩浴缸之友。游泳池之友的要求也可以考慮，但要慎重斟酌。

1. 如果需要的話，請朋友具體說明他想請你幫什麼忙。
2. 朋友需要回音時，請他給你一點時間。他得要知道你願不願意幫忙，才好另做安排。
3. 說明你願意做哪些事。設定一個你感覺自在的界限。尊重你的其他承諾。

—案例—

小朋：下個週末你能幫我搬家嗎？

小友：好可惜，我下週末已經和親戚們約好了。但我很樂意星期四去幫你收拾，星期一下午再去幫你整理。如果計畫有變動，我再通知你。

小朋：你可以幫我準備這次的工作面談嗎？

小友：我現在沒空，工作忙不過來。但如果你想要找我演練一下，我可以在中午休息時間打電話給你。你十二點半有空嗎？

小朋：下週你可以幫我照顧貓咪嗎？我想請你從星期一到星期六幫我餵毛毛。

小友：我可以幫其中兩天，星期一和星期二比較好。如果你找得到在其他天幫你餵貓咪的人，就告訴我。如果你找不到，我可以幫你問問附近有沒有可以照顧貓咪的人。

小朋：你星期四可以幫我顧小孩嗎？

小友：這個星期四不行。如果你的約會可以改期的話，星期三我倒是有空。

順道一提，你未必總是要提出無懈可擊的理由來拒絕朋友。儘管那對朋友來說事出緊急，但休息並擁有自己的時間，也是你應遵守的計畫，因為如果你蠟燭兩頭燒，受累的還是你自己。請勇敢拒絕對方的緊急要求、要花大錢到外地參加的婚禮，還有兩者之間的任何要求，即使你提不出什麼急迫的理由。就像有人所說的：「不」是一個完整的句子。對朋友全心全意，意味著你會告訴朋友，你是要接受邀約，還是在方便的時間伸出援手。如果朋友為此失望傷心，那是他們自己要處理的事。

在我決定坦白道出自己的需要與餘力之前，我對朋友都是有求必應，儘管心裡不太甘願：到昂貴的餐廳吃太晚的晚餐、留下來「再喝一杯」（儘管我已經準備回家）、在聖誕節到新年的那一週幫忙照顧貓咪等。說實話，我很高興別人想到我，但我覺得如果我不答應與朋友出門或其他要求，那他們就不會再約我出去了。這實在不是很出色的策略，因為我會在暗地裡埋怨朋友來麻煩我。難道他們不能明白，我偏好的自然狀態就是躺平並把平板電腦放在胸前嗎？老是要我做這做那的！坐進車子，穿上褲子，戴好胸罩（不是照這個順序），沒完沒了。

「無法開口說不」這一點，成了我的阿拉丁魔毯，帶我看遍了大千世界！它帶我去：

- 參加西費城的一個車庫派對，因為我朋友對某個傢伙有意思，而那個人說他會去。
- 在拉斯維加斯吃我付不起的海鮮塔。
- 到佛羅里達州的奧蘭多市玩一輪迷你高爾夫球。
- 在聖地牙哥，坐在第一排看一場開放麥克風的尬詩擂臺。

面對朋友時，我感覺自己像是某種人質，只是有比較多的有色唇蜜和殺傷力不大的小地方八卦。答應去做自己並不真的想做的事，給了我很多壓力，感覺我們的地位並不平等。這對我的朋友也不公平，因為我對他們不誠實。不坦誠則會對友誼造成不利的影響。

我們應該戒掉這種毀滅性的習慣，將取悅他人的爛傾向早早掐掉。全心全意的朋友會盡量坦白說出自己的需要與餘力。這是你給自己的承諾，朋友也才能更認識你和你的局限。

事實上，如果你不設限，就不會有真正親密的友誼。「如果你永遠不對朋友、家人或伴侶說不，那就不是誠實面對他們。」娜塔莉．露說：「他們不認識真正的你，不清楚自己在這段關係中的處境。」一旦你開始顯露本色，這段關係才會變得更適合你。人們才會知道自己在這段關係中的處境，這能協助你有更好的自我感受，「帶給你力量與自由。」露說：「我（對不想做的事）說『不』時，同時也是在對彼此的親密說『好』，對促進與伴侶及朋友的情誼說『好』。」

「沒有人想和好好先生或好好小姐在一起。」她接著說：「一旦我來到那個人生階段，戒除了取悅他人的習慣，變得更像自己，以往的許多焦慮或摩擦就消失了，因為我的所有友誼都產生了一股安全感。」全心全意的友誼與這種心理安全感息息相關。上述的小改變，目標就在這裡：稍微改變你的行為，讓友誼更適合你的需要。

現在，我們知道了全心全意的友誼包含哪些元素，在第三部就要開始將學到的知識加以運用，過程中會有很多樂趣。我會教你如何成為人們珍惜的那種朋友、如何提出令人興奮的邀約計畫、如何表達感激、如何成為懂得關懷並能獲得朋友的珍惜與尊重的人。第三部的實用指南，將教你如何成為你人生中最棒的那個人的超級隊友。我們出發吧！

第3部

落實全心全意的友誼

Chapter 15 我們（實際）相約見面吧！

好了，各位發起人，遊戲時間到了。我們快馬加鞭，馬上來聯絡朋友吧。令人興奮吧？我同意。我提出以下的練習時，受到《怎麼說，孩子會聽 vs. 如何聽，孩子願意說》（*How to Talk So Kids Will Listen & Listen So Kids Will Talk*）一書的結構啟發。我想為兩位作者歡呼，向她們對設計以下練習所帶來的影響致敬。

步驟1 提出使朋友更容易答應的邀約

在最快樂的回憶發生之前，你要先提出使朋友容易點頭答應的邀約。愛蜜莉亞．艾爾哈特大概不是一邊喝蟹肉湯，一邊說：「找一天來開飛機如何？」她八成是說：「我們就這樣穿著禮服、戴著手套去開飛機，來趟短程遊覽如何？」她提出了具體的邀約，讓羅斯福夫人不禁點頭答應了！

想一想你在生活中是如何提出邀約的。觀察一下如果你提出的邀約更具體，是否會帶來差別。

你比較喜歡收到以下哪則簡訊？請圈出比較可能令你興奮的提議。

—**案例1**—

好：「嘿！我們找一天聚聚吧。」

更好：「找一天和我去做美甲吧？」

最好：「下星期你要不要來做美甲？我考慮星期六早上十一點在你的健身房附近做。如果你有時間，做完美甲後，我們可以去吃墨西哥燒烤。」

—**案例2**—

好：「我好想你喔！」

更好：「我好想你喔！你有沒有興趣找一天和我到農夫市集逛逛？」

最好：「我好想你喔！你有沒有興趣星期六和我到農夫市集逛逛？它是從早上十點到中午。我們可以在附近剛開的新麵包店買杏仁可頌來吃。」

—**案例3**—

好：「我好想你喔！」

更好：「我好想你喔！我知道你這星期的工作很忙。」

最好：「我好想你喔！我知道你這星期忙得焦頭爛額，大概不會想下廚。我幫你訂一個披薩吧！我請客。傳簡訊告訴我，你要點什麼，我來打電話。愛你喔！」

—案例4—

好：「我們好久沒見面了。」

更好：「我們好久沒見面了。你有沒有興趣和我一起去吃那家新開的墨西哥捲餅餐廳？它的水果酒看起來很棒。」

最好：「我們好久沒見面了。你有沒有興趣星期四和我一起去吃那家新開的墨西哥捲餅餐廳？約晚上六點如何？我們的人生需要來一點水果酒。」

練習　現在換你來試試看

5.

好：「近來如何？」

更好：______________________________

最好：＿＿＿＿＿＿＿＿

6.

好：「你在嗎？」

更好：＿＿＿＿＿＿＿＿

最好：＿＿＿＿＿＿＿＿

7.

好：「嘿！朋友！我好想你喔！」

更好：＿＿＿＿＿＿＿＿

最好：＿＿＿＿＿＿＿＿

步驟2 讓沉默產生意義

這種詮釋沉默的小技巧，是我在記者生涯中學到的。這是給使用郵件或簡訊者的一份禮物。

我會讓對方知道，我把他們的不溝通解讀成一種溝通方式。

舉例來說，我向編輯提案時會說：「如果到星期五（或任何時候）我尚未收到回音，我會解讀成提案不通過。我會很快提出另一個點子。」這讓我不必為了期待回音而不斷重新整理信件匣。

現在我對朋友也會這麼做。

「如果早上十點前我沒收到你的回音，我會解讀成你無法和我相約去吃早午餐。下週我再找你。」

「如果下午三點前你沒回覆能不能幫我搬家，我會解讀成你沒空。我會去問其他朋友能不能幫忙。」

「如果星期五中午前你沒收到我的回音，就表示我這個週末沒辦法去喝咖啡。我下週再和你改約時間。」

「如果星期一晚上我還沒回覆你要不要去上那堂瑜伽課，你可以不用管我，自己去吧。」

「如果今天內你沒回覆我要不要一起去度假，我會解讀成你去不了。我會去訂自己的行程。如果你可以去，永遠可以晚點來會合喔！」

練習 **現在換你試試，讓沉默產生意義**

邀朋友一起看電影：

邀朋友一起去旅行：

邀朋友一起散散步：

一旦你明白，定下一個截止日期或時間，可以讓沉默產生意義，那對雙方都是一種解放，彼此都不用再痴痴地等候回音。

步驟3 試著不要太在意遭到拒絕

朋友們總是會丟一些雜亂無序的東西給你。他們有自己的情緒、創傷、執著、需求與欲望。你無法盡皆得知，但可以盡量減少產生摩擦的可能。人類天生就適合生存在社群中，那是我們的DNA。

社交關係出現失落或威脅時，那種排擠會給人切身之痛。二〇一一年，密西根大學社會心理學家伊森・克羅斯（Ethan Kross）在共同發表於《美國國家科學院院刊》（*Proceedings of the National Academy of Sciences*）的一篇研究中證實，拒絕所帶來的痛苦很接近身體疼痛。[1]研究者讓四十名最近被拋棄的受試者看前任伴侶的相片，然後請他們回憶被拒絕的事。支持身體疼痛感官成分的大腦區域（「次級體感覺皮質」與「腦島背後側」）會像聖誕樹般亮起來。研究顯示，社交排擠與身體疼痛，不僅都是令人痛苦的體驗，也表現為同樣的體感覺。兩者的路徑是交錯的。

在我為研究本書主題而進行的線上調查中，大多數人最希望的是朋友能多聯絡他們。我們渴望朋友需要我們。我們希望他們主動一點，讓我們成為他們生活中的一部分。但有時你努力與朋友相處，卻天不從人願，友誼並未如你的願穩定下來。

加布的經驗

加布從大學畢業後便住在英國，他感覺自己的朋友夠多了。之後，他與一群好朋友決裂。他很痛苦，因為這群朋友從小學四年級就認識了，他們對他而言如同家人。「如果我是現在才與他們相遇，可能不會選擇與他們當朋友。但我堅持了下來。」他說道。他不知道要如何以新朋友來替代他們。

他和幾個傢伙一起在健身房訓練了幾個月，但訓練結束後就沒有下文。「我希望獲得更多回音。」他說：「我希望自己是那種在朋友圈中很有影響力的人，號召大家『來打網球吧』等等。但我不是那種人，不是那種交際能手。對我來說，交友要憑感覺。例如，我就不會去打什麼聯賽之類，那完全不適合我。我不想說得太老套，但時間和錢都是問題。」

我們很難接受有些人就是比較會管理時間，而有一些人的朋友很多，所以空閒時間有限。「無論如何，他們不需要時時主動聯絡，因為總是有人來邀他們。」妮娜．巴金女士說：「事情就是如此。」社交能力因人而異。如果你需要時間尋找並建立自己的社群，別灰心。你眼前的工作是散播種籽，等待發芽。下一章我們要探索如何全心全意地表達感激與支持。不善以言語表達慰問的人，放輕鬆，下一章就是獻給你們的！

如何正確表達感激與支持？

Chapter 16

我們已經辨認出誰對我們比較重要、我們的按摩浴缸之友與游泳池之友扮演著哪些重要角色。我們已經了解要在友誼中感到滿足，就要提出清楚有力的理由。在這個階段，你也懂得了如何四處點火，邀朋友一起進行令雙方興奮的活動，以及更坦誠地表明自己的需要與餘力。你還能察覺朋友的生活中發生了哪些事。因此，上吧！

現在，你和好友坐在一家墨西哥餐廳，享用玉米片佐酪梨醬。這是重頭戲。你已經找到了讓你們來到這裡的清楚有力的理由。你主動聯絡並讓計畫落實。到目前為止，一切安好。你們在此進行面對面的「至高友誼體驗」（Maximum Friend Experience, MFE）。問題來了：你要如何讓朋友知道，在你們交流的片刻，你真正看見、聽見、關心並支持他？

你們不再只是一般的老朋友，你們正學習如何成為全心付出的朋友，實踐著威廉・葛列什博士所說的七項結緣習慣：

1. 支持

2. 鼓勵
3. 聆聽
4. 接納
5. 信任
6. 尊重
7. 磨合差異

我們藉由以下行為展現上述特點：

- 表達感激與謝意。
- 成為懂得好奇與關心的人。
- 懂得安慰。
- 提供有效的協助。
- 提出尊重對方的忠告。

我將帶各位以感性與誠心逐一探索上述各點，讓你的朋友知道他們對你來說很重要，令他們感覺備受呵護、寵愛。只要你在行為上做出一些我建議的簡單小改變，就能轉變你對待朋友，以及朋友對待你的方式。朋友會更信任你，因為他們知道你不會妄加評判他們。他們會找你出來，是因為你不會對他們呼來喝去，或是硬要他們接受你不請自來的忠告。你和你的友誼會成為安全的避風港。雙方都會感覺被看見、聽見、尊重。你們的友誼會成為你所想要且需要的一切。

練習 表達感激

要讓朋友感覺到你的感激，請描述朋友的行為給你的感受：

你接起我的電話時，讓我覺得：________

你聽我喋喋不休時，讓我覺得：________

你記得我的生日時，讓我覺得：________

你花時間和我一起跑腿時，讓我覺得：________

你帶小禮物給我時，讓我覺得：________

你只要想到有趣的事就會傳訊息給我，讓我覺得：________

當你問我一天過得如何時，讓我覺得：______

你支持我的選擇並祝賀我的成就時，讓我覺得：______

有你當我的朋友，讓我覺得：______

這些表達都很簡單，但能有效地讓朋友感覺到你的感激。

表達謝意，給對方難忘的讚美

讚美是一項禮物，雖然未必容易接受。很多人都不懂得如何接納讚美。我們都很擅長避重就輕、表現得客氣，或是直接否絕讚美，以免產生優越感。例如，對方說：「我很喜歡你的新髮型！」你便回道：「呃，這剪得亂七八糟的，我很嫌棄耶。」

人們迴避讚美的原因很多。別人察覺到你做事做得好不好，也許會令你感到壓力。但化解這種不自在，學習大方且充滿感激地接納讚美，也許是值得的，因為這十分有益於你的健康。衷心的讚美有助於你學會新技能與新行為。如果你邊彈琴邊唱新歌時，他人讚美你，有助於你日後回想起如何彈唱那首歌，[1] 因為大腦接受讚美時會釋放多巴胺，這種神經傳導物質與渴望快樂有關，能促進你的動機、專注力與積極性。

讚美他人也能改善你的人生。稱讚能刺激大腦中在接受金錢或愛意等報償時會亮起的區域（「腹側紋狀體」與「腹內側前額葉皮質」，供各位參考）。如果你想加強朋友的積極行為，就給他們誠懇的讚美，日後他們便較可能重複同樣的行為。

社群媒體是讚美文化的充分展現，我們為他人的貼文「按讚」，並計算自己得到幾個讚。然而，事情不是這麼簡單，因為社群媒體未必能解譯人的語氣。請記住這一點，以下將教你如何給予並接受（網路與真實生活中的）有意義的讚美，讓人人感覺更美好。

—讚美他人之前—

1. **先緩一緩：**有些事表面上看起來值得讚美，但事實上可能很敏感。例如，你可能想稱讚朋友身材苗條，但也許她正默默抵抗著病魔，努力保持自己的體重。這類過失在虛擬世界也可能發生。如果你想在線上附和他人按讚，請務必先讀過內容。給自己充分的時間瀏覽底下的回文，回應前請先三思。

2. **洞悉自己的意圖：**如果你想像歐普拉一樣不停讚美他人（你獲得了讚美！又獲得了一個讚美！），請先退一步。如果你試圖與所欣賞的人往來，或渴望因此變得受歡迎，請暫停一下。請先釐清你恭維他人是為了什麼，然後重新評估這是不是達到目的的最佳方式。

3. **分辨哪些讚美應該公開或私下表達：**一般來說，人們公開貼文顯示某項成就時，公開回應讚美給他就無妨。

—給予讚美時—

1. **要精確：**與其說朋友穿一件漂亮毛衣「真美」，不妨更具體地說：「這個顏色真的很能襯托你的膚色。」如果你要讚美同事，請聚焦於對方的某個特質：「看得出來你對這個案子花了很多心思。你畫的圖表很能幫我進入情況。」你愈能集中於某個特定成分，你的讚美就愈可信。
2. **多說一點：**如果你是在網路上貼文回應，請不要只貼一個愛心符號。花幾分鐘動動腦，想出更體貼、有趣或有價值的回應，這樣更有可能獲得對方及其他瀏覽者的注意。但不要過火。如果你不停讚美你有多欣賞或喜歡某件事物，反而會讓人感覺不誠懇。保持平衡是重要關鍵！
3. **別讓自己成為焦點：**人們常犯的一個錯誤是，明明是要讚美，卻變成比較彼此的成就：「噢，你加薪了？我也剛加薪呢。」請專注在你要讚美的對象身上。

—收到讚美後—

1. **說謝謝。**對方怎麼讚美，你不妨也用同樣的方式回應。因此，如果有人郵寄一份禮物給你，你可以寄感謝卡回應對方。同樣的，如果有人以完整的讚美回應你的社群媒體貼文，以同樣的方式回應最適當。如果你需要一些輔助，可以考慮以下的句子：「噢，你真是太體貼了」或「你人真好」。

2. 親切有禮。如果社群媒體上的讚美多到令你回不勝回，例如，你的訂婚戒照片造成轟動，從鄰居到三表親都蜂擁而來祝福你，你用一則感謝貼文來回應所有好意，完全是可以接受的，如「謝謝大家的祝福」等。

如果你沒有那麼多心力逐一回覆留言，或想限制往後僅有小圈子裡的人才能收到更新，那就只跟你真正重視其意見的人分享你的更新吧。

3. 避免因為緊張而匆忙回覆讚美：有人讚美你時，你可能會出於焦慮而想回覆對方的好意。請各位忍住！對讚美更好的回應是，詢問他們喜歡你做的事的哪一點。這種有建設性的回應能使談話集中在主題上，而不是出於不自在而將注意力轉移到對方身上。

「我喜歡你的演講。」——「謝謝你。你最喜歡的是哪個部分？」

「你的孩子教養真好。」——「謝謝！你注意到的是他們行為中的哪一點？」

「那個戒指好看極了。」——「謝謝你！它吸引你的是哪個地方？」

「你做的蛋糕好香喔！你對烘焙真有一手。」——「謝謝你！你對烘焙也有興趣嗎？」

4. **分享光芒：**該表示敬意時就要表示。如果有人稱讚你的室內盆栽令人歎為觀止，你應該散播那種好意：「謝謝你！我照顧植物的技巧，都是跟朋友史蒂芬妮學的。」事實上，分享讚美並認可他人對你的成就有貢獻，能讓朋友知道你重視他們的支持。

如何送禮表示感激？

送禮給朋友時很容易出錯。送禮就和忠告與讚美一樣，是個敏感的領域。表面上，我們可能以為自己挑禮物時，優先考慮的是對方的需求與需要，但研究者發現，挑禮物的過程未必是自己想像的那樣。

人們大多想送出乎對方意料的驚喜禮物。你希望自己的貼心與創意能令他們感動不已。二〇一八年，行銷學教授艾狄兒・楊（Adelle X. Yan）與奧列格・厄閔斯基（Oleg Urminsky）發表於《心理學》（*Psychological Science*）期刊的研究證實了這一點。[2] 他們發現人們的動機通常是希望對方會心一笑。因此，送禮者選擇的可能不是「最能滿足對方的禮物」（多功能的實用物品），而是「引起對方最大反應的禮物」（就像觀眾在電視節目《價格猜猜》〔*The Price Is Right*〕中贏得一輛新車時的驚叫反應）。

送兩張科切拉谷音樂節（Coachella）的門票給朋友，可能表示你想拉近與他的距離，所以希望一起參加活動。忽視朋友列出的結婚禮物清單，反而特地為新人委託製作一件藝術品，可能暗示著禮物清單是給傻子用的，因為自己比朋友本人更了解他自己，所以才特地選了這個禮物。

想透過禮物傳達某個訊息，沒什麼問題，通常那些訊息都是善意的。但請務必確認你所傳達的，確實是你本來想傳達的訊息。禮物可以分成三個方面：除了送禮者、收禮者，還有交換禮物的脈絡——你送這份禮物是出自義務嗎？

義務性送禮是指我們為了滿足期待而送禮（聖誕節交換祕密禮物、生日禮物、喬遷禮物等）。自願送禮則是不帶這類期待的禮物（親自烤一條「歡迎來到本社區」的香蕉麵包給新鄰居，或是送十五美元的咖啡館禮物卡給同事，謝謝他們對案子的協助）。

談到送禮，我們應該聚焦於朋友真正想要什麼，而不是把自己的偏好強加在朋友身上。那就像你硬要把一瓶很貴的琴酒送給鍾愛威士忌的朋友，只為了讓他體驗你最喜歡的烈酒一樣。如果下次你去他家，發現那瓶琴酒被塞到酒櫃後排時，可別太驚訝。

送禮時，請謹記以下各點：

- 收禮者往往希望收到務實、多功能、實用的禮物。
- 如果你不知道該送什麼禮物給朋友，就直接詢問吧！人們往往會高估驚喜。請給朋友表達期待的機會，你才能真正滿足他們。

· 如果你不知道要送什麼才好，請從對朋友來說什麼最重要開始思考。例如，某次過節，我訂製了印有朋友及其寵物的圖像的馬克杯送給他們。結果大受歡迎！當時我想著我的朋友最愛什麼？他們的寵物！於是就讓那個點子引導我去挑禮物。

· 當你猶豫不決時，以情感為訴求吧。把你和朋友的合照放進相框，手寫一張卡片。把你對朋友的愛與感激告訴他們，永遠不嫌多！

表達對朋友的感激，是一種協助他們感覺自己被看見、聽見、重視的絕佳方式。基本要點是把他們的需要、需求、偏好擺在最前面。禮物的一大妙處是，就算不夠令人刮目相看，日後你永遠有很多機會調整送禮作風。

既然我們討論過了讚美的言行議題，下一章就來深入探索你可以做哪些事，來真正展現你對朋友的關懷。

Chapter 17

如何展現關懷與好奇？

在某一集喜劇播客節目《三個傻子》（*SmartLess*）中，三位主持人傑森・貝特曼（Jason Bateman）、威爾・阿奈特（Will Arnett）與西恩・海耶斯（Sean Hayes）討論一位來賓・賈斯汀・塞洛克斯（Justin Theroux）。[1] 這位有美人尖的演員曾是珍妮佛・安妮斯頓（Jennifer Aniston）的男友，穿著窄管運動褲的樣子非常帥（真的，請上網看看就知道了），但顯然他也是某種超級好朋友。聽聽主持人是怎麼說他的：

海耶斯：他是個很棒的人。他不會擺架子，是那種你一認識他就會想約他一起出去玩的人。

阿奈特：他是個真性情的人，非常……

貝特曼：非常機智，反應很快。

阿奈特：反應很敏銳，很聰明。人很有趣，也很貼心。他實在是個很貼心的傢伙，在各方面都是個不可思議的朋友，而且長年如此。他是那種忠貞不二的人，可以隨時打電話給他。他不介意，而且會第一個到場。那傑森就會是最後一個。

貝特曼：總要有人殿後嘛。

真性情、聰明、有趣、貼心、忠誠。誰不希望朋友這樣描述自己？我們都希望朋友欣賞我們，並讓朋友知道我們重視他們，看見我們的付出。這就像友誼的聖杯。

阿奈特談到他對塞洛克斯的印象時，大肆宣傳了塞洛克斯長年來展現的各種值得信賴的行為。想一想是哪些事讓他的朋友產生這些感受的：隨時接朋友的電話、長時間對朋友忠誠可靠，多年來皆是如此！

我思考自己所擁有的友誼類型、希望朋友如何看待我時，發現我會很開心他們這樣形容我。如果他們認可我的付出，真的把我當成朋友，那就太棒、太不可思議了！讓我把善意射進他們的腦殼吧。不幸的是，事情不會總是那麼順利。

在咖啡杯的叮噹聲與咖啡館的嘈雜聲中，凱蒂告訴我，她最近一次做試管嬰兒還是沒成功。她花了一筆錢，又看診無數次後，第五次嘗試還是失敗了。萬分沮喪的她已經沒有再試一次的本錢或意志。她將無法完成當母親的心願。

但願我能告訴各位，當時我緊緊地、長久地抱著她，拍著她的背說：「是的，今天真的很糟，太讓人傷心了。」並且要她放心，我會陪著她度過一切低潮，同時從義大利連鎖餐廳點餐送給她，畢竟歷經這種失落的傷心事，誰還會想下廚？

但以上的事，我一樣也沒做，反而腦袋一片空白地看著她陷入悲傷。直到沉默變得難以忍受時，我才結結巴巴地說：「我相信最後一切會順利解決的。」她似乎不買帳。我慌了，便說：「有一天妳會如願當媽的，凱蒂。我知道一定會。」我就這樣說完了糟糕透頂的信心喊話，臉上帶著「妳可以的」的同情表情。

話一出口，我就知道自己搞砸了。不自在吞噬了我。凱蒂深陷於痛苦的深淵。我想化解她的憂傷，但實在不知如何是好。她的臉垮了下來，肩膀一垂，淚眼婆娑地吸了吸鼻子，然後起身離開。

這件事發生在二〇一六年夏天。當時我三十八歲，還不知道如何安慰傷心的朋友。我不清楚要說什麼或如何表達關懷。

凱蒂最後選擇斷了聯繫。我嘰嘰喳喳的簡訊：「嘿女孩！這週出來喝咖啡嗎？」沒有獲得回應。老實說，我現在懂了。當時我沒有好好安慰她，而這份友誼的瓦解在我心裡更是留下了至今仍隱隱作痛的傷口。

我從來就不是很懂得看場合說話的人。這類敗筆在我的生活中出現不下數百次。我以為安慰是把最能打氣的話串在一起，幾乎就像是要求對方不可以出現她內心的感受。妳很傷心？不要吧！讓妳傷心的那件事其實是件好事。妳很痛苦？慢著。我不覺得痛苦，所以妳也不該覺得痛苦。

如今我年紀漸長，對安慰有了更多領悟；我不需要解決朋友的問題或處理他們的悲傷。我不需要破解密碼，知道要說什麼話才完美。反而是，我可以把他們的痛苦想成是坐在我們之間的訪客，它吃著果醬甜甜圈並把咖啡吹涼，等著啜飲一口。我的工作並不是把訪客請走，或是試著說服朋友，這位訪客不存在。我身為朋友的職責，是承認這位訪客正與我們坐在一起。

我在開始實踐全心全意的友誼之前，會告訴悲傷的朋友：「別傷心。」說的時候可能還會皺著眉頭。但這種策略並不好，只會讓朋友知道，我不願意以任何有意義的方式承認她的痛苦。

現在，我知道如何成為全心全意的朋友了。我會說：「妳會傷心（或受傷、挫折、失望）是情有可原的。令人痛苦（受傷、挫折、失望）的事總是會發生。」我只要承認她的經驗就好了；沒錯，發生這種事確實令人傷心，真是爛透了。

如何提出實際的協助？

人們伸出援手時，最容易犯這種語焉不詳的錯：「如果你有任何需要就告訴我。」這聽起來像是在力挺對方，但其實毫無意義。因為這種措辭等於是將責任扔給對方，要他聯絡你，跟你商量要幫什麼忙。人在悲傷或痛苦時大多是心力交瘁的，不會主動想到要請人幫忙。

伸出援手時，你所能做的最好的事，是具體說明你很樂意幫什麼忙。你能幫忙遛狗嗎？買雜貨？除草？提出一些建議，可以讓朋友很快地點頭或拒絕。那就是建議的目標。

關鍵是：不要做對方在合理情況下不會為你做的事。為朋友做出超乎常理的事，但對方沒有回報，你可能會感覺不舒服。請不要為了不會請你看電影的朋友而負債。你懂自己的朋友，所以應該可以判斷怎麼做比較適當。請拿捏分寸，以減少嫌隙。

以下是朋友傷心或失落時，你可以伸出援手的地方：

- 做料理給朋友吃。
- 協助清理家裡或庭院。
- 寄食品運送服務的禮物卡。
- 坐下來聆聽朋友說話。
- 寫一張貼心的卡片。
- 照顧朋友的孩子或寵物。
- 如果朋友願意，為他們聯絡心理健康診所。

你在安慰時要評估情況，確切了解朋友需要什麼，然後合理地為他分憂解勞。這一點再強調也不為過。陪在朋友身邊很重要，但千萬不要為了替他們赴湯蹈火而犧牲自己的健康，或把他們的問題統統攬在自己身上。只要敞開心房關懷對方，盡力即可。

案例1

- **朋友的處境：**因為事出緊急，她必須加班到很晚。
- **朋友的煩惱：**無法帶她的狗出去遛一遛。
- **拙劣的安慰之詞：**「我相信妳的狗會沒事的。不要把自己弄得壓力太大了。」
- **實際的安慰：**「今晚我可以順路到妳家，帶妳的米克斯去遛一遛。」
- **為何這樣能安慰朋友：**因為這能解決她的問題，讓她實際感覺到你的支持。

案例2

- **朋友的處境：**手上的錢不夠繳房租。
- **朋友的煩惱：**付不出房租，她會被趕出去。
- **拙劣的安慰之詞：**「妳不能請爸媽幫妳付這個月的房租嗎？還是問妳的前任男友？他不是很有錢嗎？」
- **實際的安慰：**「妳需要多少錢？我們一起想想可以很快獲得現金的方法。這樣吧，如果妳肯幫我顧小孩幾個小時，我就給妳六十美元。」
- **為何這樣能安慰朋友：**因為你的方法能解決她手頭拮据的問題，讓她知道你是她的隊友，願意與她一起面對問題。

—案例3—

．朋友的處境：她與重要的另一半吵架了。這次的情況很嚴重，她在猶豫是否要與對方分手。

—朋友的煩惱：心碎。她也不確定自己要搬到哪裡去，因為他們同居。

—拙劣的安慰之詞：「反正妳的伴侶就是個大混球。有什麼好難過的？沒有他，妳會過得更好。把那個白痴甩掉吧。我幫妳倒漂白水在他的衣服上。」

—實際的安慰：「我們到公園喝杯冰咖啡，妳告訴我怎麼一回事吧？要我帶酒到妳家也行。妳也可以在我家的沙發上睡幾天，讓腦袋清醒一下。同時，如果妳需要旁人的中立意見，我會把我的治療師的聯絡資料給妳。無論如何，我會一直陪在妳身邊。」

—為何這樣能安慰朋友：因為你讓她知道，你是她的情緒支柱，而不是只顧著煽風點火，讓她的生活更混亂。如果有任何虐待的情況發生，顯然你應該協助朋友獲得適當的支持。

—案例4—

．朋友的處境：失去寵物。

—朋友的煩惱：她必須選擇讓寵物安樂死，這讓她痛苦不堪。

—拙劣的安慰之詞：「沒事的，別難過。想想眼前生活中擁有的一切。」

—實際的安慰：「毛毛的事妳做得對，妳沒有讓牠痛苦地走。妳做的決定很正確。」

—**為何這樣能安慰朋友：**因為道出了她必須做出困難抉擇的哀傷。

練習　安慰朋友

現在換你試試看。

．**情境：朋友要從東部搬到西部去**

—朋友的煩惱：＿＿＿＿

—拙劣的安慰之詞：＿＿＿＿

—實際的安慰：＿＿＿＿

—為何這樣能安慰朋友：＿＿＿＿

．**情境：朋友剛發現自己有嚴重的健康問題**

—朋友的煩惱：＿＿＿＿

—拙劣的安慰之詞：＿＿＿＿

—實際的安慰：

—為何這樣能安慰朋友：

．**情境：朋友對人生感到灰心，不堪負荷。**

—朋友的煩惱：

—拙劣的安慰之詞：

—實際的安慰：

—為何這樣能安慰朋友：

你可能認為自己很了解朋友的問題出在哪裡，因為你也有過類似的經驗。然而，這是友誼中十分常見（且完全可避免）的誤判。沒錯，分享你的經驗能展現你的同理心，但如果你不注意，你的分享聽起來可能像是你要把話題轉到自己身上。

舉例來說：

小朋：（受傷狀）我好難過。丹尼爾把我甩了。

小友：噢，好慘。幾年前我也被甩掉過，實在慘到谷底。
小朋：我記得，是那個叫詹姆士的傢伙吧？
小友：是啊，而且是在我生日當天甩掉我的，那時我才剛把蠟燭吹熄。他真是個混蛋。
小朋：（感覺話題似乎轉向了對方）噢，真慘。在生日當天耶！他真的很沒良心。
小友：（談興大發）對啊，我傷心透頂，心都碎了。後來，我連看到蛋糕都會掉淚，連蛋糕類零食也不例外。只要是類似蛋糕形狀的東西，都會惹得我鼻酸，讓我不停流眼淚。

- **希望達到的效果**：小友分享被甩掉的經驗，希望小朋能感覺獲得支持。
- **實際的效果**：小朋並未感覺獲得支持，因為小友談起了自己和自己的傷心事。
- **可能造成的後果**：小朋從此不再想與小友分享她人際關係中的細節。

請改為提出幾個溫和的問題，將話題巧妙轉回受傷的朋友身上。

我們再試一遍。

小朋：（受傷狀）我好難過。丹尼爾把我甩了。
小友：噢，好慘。我去年也被甩過，而且就在生日當天。後來，我一看到蛋糕就會掉淚。丹小朋：尼爾是怎麼說的？妳很驚訝嗎？

小友：（吸鼻子）他說我們想要的東西不一樣，他認為我們不會結婚。我覺得自己像是被出其不意地打了一拳。

小朋：（皺眉）噢，天啊！那真的很痛。我為妳感到心碎。妳真的很希望這段關係長長久久，所以我可以理解妳很難過。如果可以讓妳開心起來，我很樂意折斷他的膝蓋，也許再打斷他的一、兩根腳趾，至少打斷小腳趾。

小友：（微笑）你不必那麼暴力，至少現在還不需要。

小朋：（安慰對方）分手很慘，但無論如何，我會陪在妳身邊。妳並不孤單。妳知道的，對吧？大家都很愛妳。妳的朋友多到可以塞滿一整個球場了！等妳準備好重新出發，我甚至能幫妳擬一份約會名單。

小友：（振作起來）時候還沒到，但等我準備好，或許我真的會請你幫我擬名單。

- **希望達到的效果**：小友分享自己的分手故事，讓小朋知道自己感同身受。
- **實際的效果**：小朋感覺小友聆聽並支持自己，因為小友將焦點放在她和她的分手上。她感受到了那種同仇敵愾的情誼。
- **可能造成的後果**：小朋感覺可以放心對小友吐露自己的脆弱。

再舉另一個例子，這次是工作上的問題。

小朋：（擔憂狀）我快煩死了。我覺得我會被解雇。

小友：噢，太慘了。我兩年前也被解雇過，花了八個月才找到下一份工作。真的很可怕。

小朋：（解釋自己擔心的原因）真不知道如果失去工作，我要怎麼辦。我真的很需要錢。

小友：（竭力減少朋友的擔憂）噢，妳會很快找到工作的，也許新工作更適合妳也說不定。我的意思是，妳看看我現在！我很熱愛自己的工作。我心裡其實很感激當時被解雇，不然我永遠找不到這份工作。這就像我常說的「因禍得福」。

- **希望達到的效果：**讓小朋振作，因為小友分享了自己從職涯挫折中再站起來的往事。
- **實際的效果：**小朋覺得小友不夠重視她心裡的擔憂。
- **可能造成的後果：**小朋從此不會再想把自己的困境告訴小友。

我們稍微改變一下對話，再試一次！

小朋：（擔憂狀）我快煩死了。我覺得我會被解雇。

小友：（很同情）噢，太慘了。我兩年前也被解雇過，後來花了八個月才找到下一份工作。這真的很可怕。妳到目前為止做了哪些準備？有沒有去打探一下妳那個領域的哪家公司可能要找人？

小朋：（集中焦點）我更新了自己的領英網站資料。我還在考慮要不要聯絡一些競爭對手，看看他們有沒有缺人。

小友：（為對方打氣）好主意耶！妳知道嗎？我姊夫艾瑞克在為你們其中一個競爭對手工作。我可以聯絡他，看看他公司裡有沒有職缺。

小朋：（燃起希望）那太好了。

小友：（要對方放心）沒問題。誰也不想被解雇。很棒的是，妳的名聲很好，人脈也很豐沛。如果妳需要的話，我很樂意幫妳看看履歷，補強一下。幫妳做好戰鬥準備。

小朋：（釋懷地微笑）那太好了！我一定會找你幫忙。

- **希望達到的效果**：燃起小朋的希望，因為小友分享了自己從職涯挫折中重新站起來的經驗，並運用了自己的人脈。
- **實際的效果**：小朋感覺小友對她的處境很有同理心，很支持她。她知道無論發生什麼事，小友都會協助她找到出路。

．**可能造成的後果：**一旦小朋的工作情況有變化，就會隨時讓小友知道。

這些技巧值得注意的地方在於，它們很簡單卻非常有效。一旦我們了解到幫助與安慰是什麼樣子、該怎麼說比較好，就更懂得本能地運用。

有時不論你說什麼，對方的心情仍舊很差，甚至對你發脾氣。就算你說得再完美無瑕、不帶任何威脅意味，對方還是不領情。不過，當人們處在情緒、心理、生理的痛苦中時，會比較難注意自己的語氣或表達感激。請不要把將對方情緒化的言行太過放在心上。

如何保持好奇心？

對他人保持好奇心可能不是你天生會做的事。我就不是這樣。我並不是來自一個家人會彼此探問的家庭。別的不說，問太多問題可能會被認為是窺探或多管閒事。在成長過程中，我們家認為如果你有事要分享，就要在用餐時說出來。我丈夫的家庭恰好相反。小時候，他父母總是時常問東問西，那是他們表示關懷的方式，讓孩子知道他們對他和他的生活很有興趣。麥克和我也談過問彼此問題有多重要這件事，因為我們對問問題的意義，有非常不同的觀點：我擔心這樣的窺探會讓對方感到尷尬，他則是從中觀察我是否有興趣多了解他的生活。

朋友大多會期待你對他們的內心生活感興趣，但對我這種人來說，這滿令人生畏的。有時，我會盯著某人想提出一些問題，腦筋卻一片空白。這其實有點搞笑，因為我是以記者為業的人。當然，一旦我自然產生好奇心時，問題就會一個接一個出現。但當我不關心或沒把握時，就會緊閉嘴巴。也許這是因為擔心自己會多管閒事，或是在發問時說了不該說的話。

但學習對他人保持好奇心是值得的，這樣才有助於他們對你敞開心房。凱特・薇洛斯在《我們應該在一起：培養友情的祕密》一書中，精選了一連串問題，涵蓋反省、想像、認同、關係、學習、社會等，以協助讀者與朋友展開對話。[2]

- 你發自內心珍惜的回憶是什麼？
- 你最近都在想什麼？
- 如果明年你因為某件事而出名了，你希望是因為什麼事？
- 哪件事讓你覺得試試看可能很有趣？
- 你的怪癖顯現在哪些地方？
- 哪些事是你會一再思索，但別人卻似乎不假思索的？
- 你從前任情人身上學到的最寶貴的體悟是什麼？

提出以上的貼心問題，有助於拓展你們的友誼，讓你認識朋友這個人的不同面向。薇洛斯還打造了對話日曆與卡片，協助所有人進一步延伸對話。

在《哈拉的藝術》（*The Fine Art of Small Talk*）一書中，戴波拉・范恩（Debra Fine）推薦我們與任何人交談時，可以開口問：「最近你在忙什麼？」[3]這能讓對話朝四面八方自由延伸。「這是一個很棒的問題，不是根據人們的職業、是否已婚、是否有孩子，來把人分門別類。」她寫道。

她甚至建議我們依情境來調整上述問題：

「你在工作之外還忙什麼？」
「你在吃最愛餐廳的沙拉之外還忙什麼？」
「你在放學後還忙什麼？」
「你在洗牙之外還忙什麼？」（但這個問題其實只適用於牙醫。）

范恩也是「陳述＋問題」開場白的粉絲。這種方式能讓你展開對話，而不是流於自言自語。

與其說：「哇，好棒的電影。」
不如說：「哇，好棒的電影。你覺得主角的演技如何？」

與其說：「我喜歡你的項鍊！」
不如說：「我喜歡你的項鍊。你是在哪裡買的？」

與其說：「我是街上那家新咖啡廳的粉絲。」
不如說：「我是街上那家新咖啡廳的粉絲。你呢？你喜歡去哪裡喝咖啡？」

在對話結構中融入這類改變並不難，卻能為培養緣分帶來不小的影響。重點不在於你要對朋友說什麼，而是話語背後的舉動與心思。為了使朋友覺得「你的存在讓他很放心」，並感受到你的呵護，很重要的是你要承認好事與壞事都會發生。人生的起伏造就了今日的我們，所以承認那些禍福的存在很重要。

馴服你內在的尤達大師

Chapter 18

一位好友問我是否該把她男友一腳踢開。其實，我認為她早就該把他踢走了。但我猶豫著該不該告訴她這一點，因為我想她到最後還是不會接納我（明智、合理、充滿關懷）的忠告。

我會掙扎著是否要告訴她，是因為：人們看見他人在煩惱時，總是喜歡表示一點意見。事實上，給忠告能使人感覺到自己的影響力，依據發表於《性格與社會心理學公報》（*Personality and Social Psychology Bulletin*）的一份研究，這能給人一種彷彿自己影響了他人舉動的感知。[1]

這份研究還揭露了另一個問題：好權傾向重的人，比起好權傾向輕的人，更喜歡提出忠告。如果你是個愛好權力的人，可能會忍不住想勸導他人。

你知道我們有多渴望被重視嗎？還有什麼比聽到你重視的人告訴你「我聽了你的忠告之後，生活改善了」更讓人心滿意足的？那簡直是一種情感上的貓薄荷。

問題在於，你不能無緣無故地提出忠告。當一方要在原本平起平坐的關係（如同儕關係）中扮演忠告者的角色時，會出現各種風雲詭譎的權力變化。

在你像貝思糖果（Pez，譯註：一種為了幫人戒菸而上市的薄荷糖）一樣勸人戒菸之前，還要三思：不假思索或不請自來的忠告，可能會妨礙你所渴望達到的親密。要是你沒考慮到情況的微妙之處就提出忠告，可能會使對方疏遠你，因為基本上你是在告訴他，你比他更了解他的生活，那會顯得你太自負又沒神經。

對我來說，建議朋友甩掉伴侶很容易，因為承擔分手後果的不是我。我不必設法重新滿足自己的基本需要。

- **生存**：如果這對伴侶生活在一起，而且共享財務。
- **權力**：如果他們享有某種社會地位。
- **愛與歸屬感**：戀愛關係能提供這兩者。
- **自由**：如果這段緣分說明了兩人所認同的身分。
- **樂趣**：如果他們享有令彼此愉悅的儀式或兩人才懂的笑話。

不是每段關係都能滿足上述的需要，但許多關係都可以。再次說明，如果有任何虐待情況，顯然你的支持是必要的，你應該溫和地為朋友指出哪裡有適當的求助資源。

我們都有那種忍不住要管我們在某件事上該不該做什麼的朋友。

朋友：我婆婆快把我逼瘋了。
尤達型友人：你應該封鎖她的電話號碼。
朋友：我已經三年沒去度假了。
尤達型友人：你應該去冰島玩玩。
朋友：我真的很受不了我的老闆。
尤達型友人：你辭掉工作算了。

這些都是想成為尤達（Yoda，譯註：《星際大戰》電影系列中的智者與宗師）的人，試圖掌控朋友所思所為的方式。我明白提出忠告是一件多誘人的事。

人們想幫助他人，這不是問題。但他們也想以能提升自我感受的方式幫助他人。我們喜歡把自己想成周遊各地、以自己的智言雋語造福世人的尤達。「你的配偶最近對你不夠好？甩掉他吧，一定要！」「看新聞令你沮喪？那就退出社群媒體、停止繼續收通知！年輕的絕地武士。」（那其實是好建議。看出來了嗎？有時尤達型友人提出的忠告並不壞，所以我們才會不時向他們傾吐問題。）

但我們樂於指導他人，並不代表他人樂於接受。事實上，研究者辨認出決定人們要不要採納忠告的三項因素。[2]

1. **獲得忠告的成本高昂，或任務並不簡單時，人們便可能採納忠告：**如果你不確定是否要接受某份合約，便可能採納律師的建議，尤其是律師索價每小時五百美元的時候。如果你有意打掉廚房牆壁，裝設一個中島（令人羨慕，因為我的夢想就是擁有一個廚房中島），那你便可能聽從承包商的建議。

2. **給予忠告的人經驗較豐富，對其忠告的效力展現出絕對的自信時，人們也比較可能採納忠告：**當醫師告訴我，我的膽固醇濃度偏高時，我會減少攝取乳製品與奶油，因為她這麼建議有充分的理由。我最喜歡的美妝網紅把科薩斯（Kosas）遮瑕膏譽為她用過的最佳遮瑕膏時，我也買了一條，因為她測試過市面上的每項產品。

3. **有強烈的情緒作祟時，人們便可能忽視忠告：**如果做決定的人有把握自己能做出最佳決定，或是怒不可遏時，便容易忽略忠告。如果他情緒亢奮，儘管你心平氣和地提出忠告，影響力可能也很有限。比如，儘管你勸正在氣頭上的朋友不要太衝動，她仍傳給了一則破口大罵的簡訊給前任情人。

了解人們何時較容易接受（或忽視）忠告，有助於你更明智地提出忠告，因為你才知道何時更能發揮影響力。我們提出忠告給朋友，往往是出自一片善意。一般而言，我們確實希望對方的個人生活與職涯一帆風順。

如何提出忠告又不使對方疏遠？

給忠告有一點訣竅，因為告訴某人應該怎麼做，是一種關乎雙方權力消長的事。

—提出忠告之前—

1. 判定自己是否有資格提出忠告。
2. 詢問對方，他採取了哪些行動。
3. 為自己的忠告提出後路：「如果我說的話沒什麼幫助，儘管忽視就好。」這樣能給對方不必採納忠告的餘裕。

—提出忠告時—

1. 少用「應該」這個詞，如果你不經大腦就用了，會讓人感覺霸道。與其說「你應該和他分手」，不如把語氣放軟，說：「如果我是你，就會認真考慮要不要挽留這段關係。」

2. 觀察朋友的身體語言，看看他是否有可能接受你的忠告。他是否與你保持眼神接觸？是否頻頻點頭？那就是好徵兆。

3. 提出一、兩個點子後，詢問他的看法。「你覺得如何？你認為這些建議有幫助嗎？還是你需要更多建議？」

—提出忠告之後—

1. 詢問對方有沒有興趣索取更多資料，你可以寄相關書籍給他，或推薦線上課程或播客節目給他。

2. 詢問對方還有沒有其他需要。他希望你日後繼續關切他嗎？希望你們再碰面談談這件事嗎？開口問就對了！

練習　試著全心全意地為朋友提出忠告

1. 朋友：「我想我的孩子有學習障礙。」

2. 朋友：「我和姻親們處不來。」

3. 朋友：「我考慮辭掉工作。」

4. 朋友：「我的前任情人回頭了。他說希望我們重修舊好。」

忍住強出頭的衝動

如果你能忍住衝動，不急著替朋友強出頭，就比較可能維持和平。朋友往往不希望（也不期待）我們解決他們的問題。他們通常只需要你的聆聽與同情。下次朋友找你發洩情緒時，記得你只要表示同情就好了：

「是啊，這聽起來確實很難。」
「你會有這種感覺情有可原。」
「我替你不值，你值得更好的。」
「我為你感到喪氣。」

為朋友強出頭，絕對是你可以少做少錯的領域。請不要衝動，只要同情朋友的感受，陪在他身邊就好。祕密就在這裡，因為那才是朋友需要我們做的事。因此，請努力忍住強出頭的衝動。

前進吧！

萬歲！我們終於完整交代了如何成為一個懂得尊重與關懷，像個真正隊友的朋友。現在你知道了，全心全意的友誼需要渴望、用心、愉悅，你也學到了知識與技巧，懂得在打造健全友誼之餘，保持你目前擁有的珍貴緣分。我希望，現在的你在待人處世時已經變得更有自信，更能成為自己與他人的知己了。

在閱讀本書時，你是否出現了任何靈光乍現的時刻？你是否清楚認識了你的珍貴友誼中的任何方面？請追蹤我的社群媒體帳號 @AnnaGoldfarb，分享你的成功友誼與洞見。

十四天友誼改造術

如果讀完本書後你想著：「安娜，只要告訴我如何迅速地來場大改造就好。」那麼，以下就提供兩週的訣竅、活動與建議，協助你與新夥伴、老朋友，以及介於兩者之間的所有人，建立全心全意的緣分。

DAY 01 重新開始

今天我們要把盤子洗乾淨。過去那些你不知道怎麼說、怎麼表達關懷、怎麼提供支持的日子都過去了。原諒自己吧！說真的，你已經從所能獲得的資訊中盡了力。今天是嶄新的一天。友誼改造術的目標，是為你的結緣策略做出些許調整。這不是大動作的改變，只是聰明變通的小步驟。

今天的任務：扔掉三件對你不再有用的東西，像是你從沒喜歡過的口紅、架子上你從沒看過的蒙塵影音光碟、穿起來永遠不對勁的上衣。灑脫地扔掉吧！或是送別人。不要想太多，整頓一下那團混亂。我們為期兩週的友誼改造術，就從這快樂而充滿希望的基調開始。不要怨懟，不要悔恨，甚至也不要評判。就像在過去關係中的若干想法與行為，如今已不再適用，這些物品對如今的你也不再有用，不如放手來得好。

DAY 02 建立社交名單

辨識哪些人構成了你目前的小圈子。如果你正處於過渡期，或剛搬到新地方，可以寫下的名字可能不多。沒關係，只是思考一下誰在哪個層級。等你找到自己的社交立足點後，這份名單可能還會改變。請記下：

- 一到兩位**澡盆之友**。這是你最親密的層級，通常是重要的另一半和知己。
- 三到五位**按摩浴缸之友**。他們是你最要好的朋友、你的支柱。
- 十到十五位**游泳池之友**。他們可能是你的職場同事、學校同學、親戚、進行雙對約會的其他伴侶等。

這張名單就是最接近你的社交網絡。他們的友誼對你而言最重要。就像二〇〇〇年代初有人說的，他們就是你的朋友圈（peeps，譯註：people的俚語稱呼，加上s以表示複數），是你會找出來玩、花時間相處、鼓勵並支持的對象。

DAY 03 用心經營

用心與那些你辨識為浴缸之友、按摩浴缸之友、游泳池之友的人往來。他們是你的小圈子，是與你同甘苦、共患難的朋友。務必要把他們的生日記在日誌裡。如果他們生了孩子，就一併記下孩子的生日。也務必確認你有他們的地址，時時更新聯絡資料。

要記得，你和澡盆之友與按摩浴缸之友會一起做以下的事：

- 一有機會便相聚。
- 時常聯絡。
- 盡力參與彼此的里程碑事件。
- 記得彼此的生日（要送禮或有一些表示）。
- 撥出預算，逢年過節送禮給對方一家人。
- 務必盡快回電話與簡訊。

對於游泳池之友，你要：

- 維持合宜的親密度，偶爾聯絡。
- 付出一些努力參與彼此的里程碑事件。
- 記得他們的生日（是否要送禮物由你決定，視你們的關係性質而定）。
- 一、兩天內回電話與簡訊。

DAY 04 訂定目標

除非你自己先界定何謂成功的友誼，否則不會知道自己是否成功。成功的友誼對這個人來說，可能代表能與朋友每個月喝一次咖啡。對那個人來說，卻是指從現在起能送大禮的對象（尤其是他很少送大禮的話）。

請寫下你對交友的一年目標，多想想你要與好友做哪些事，有時也可能是你希望避免的行為，例如突然斷訊、爽約、鬧失蹤。也許你的目標是停止打斷朋友說話，或學習如何提供安慰。請具體一點。你的清單可能如下：

- 成為固定見面的團體一分子。

・為自己舉行小型生日派對。

・和一個朋友相偕度假。

・認識鄰居。

・接受自己對他人說不。

只要辨認出目標，就是朝修正自己的行為邁出了第一步，使上述成果更容易發生。

DAY 05 用心

在手機上設定提醒，或在日誌裡記下何時要與你希望親近的朋友聯絡。也許是每兩週聯絡一次，也許是每個月一次，這由你決定。記下談話中的任何重點，例如，何時看醫師、約會、度假，或重要的職涯事件等。最近我的一位按摩浴缸之友參加鐵人三項比賽，所以我要記得在比賽開始前傳簡訊祝她好運，比賽結束後再問她結果如何。

此外，要注意你的朋友投入哪些事，以及即將發生的重大事件，例如工作上的里程碑、生日，或是親友過世的週年等。留意這些值得關注的日子，能讓朋友知道你關心他們、認可他們所扮演的所有人生角色。

DAY 06 渴望

聯絡你想深入認識的一個熟人。提出你們在接下來兩週左右見面的一個清楚有力的理由。「嘿！我一直想著你。有沒有興趣和我一起〇〇〇，我們才能〇〇〇？」可能是：

- 吃拉麵，我才能聽你講新工作的事。
- 做美甲，談談你今年夏天要去旅行的事。
- 和我一起到博物館聽演講，可能很有趣。
- 在公園碰面，分享彼此喜歡的書籍、電視節目、播客節目。

DAY 07 自動化

將你們的互動化為自然而然的慣例，以免時時揣測何時要碰面。和朋友訂下一個固定碰面的日子，也可以是電話約會，或是每週一起工作一次。關鍵是這個活動要：一、對雙方而言皆清楚有力；二、不須多說便能維持下去：

「我們星期五早上還是會一起慢跑吧？」——「會！」

「我們星期四還是會一起上瑜伽課吧？」——「好期待喔！」

「辦讀書會那天，我可能會遲到一會兒，但一定會到。」——「我也一定會到。」

DAY 08 愉悅

傳正面的訊息給一至三位朋友，告訴他們，這段友誼對你的意義如何重大。你不妨說：「我只想讓你知道，我真的很愛你。我對這段友情心懷感激。如果你很忙，不用特地回訊息給我。只要傳一顆愛心給我就好。這沒問題！」

如果你做以下這件事，更能加分：真心地讚美朋友。列出你為何喜歡與對方交友的三個原因。他們是很聰明、搞笑、體貼、有愛心，還是很勇敢？告訴他們！

DAY 09 講知心話

檢視哪個按摩浴缸之友或游泳池之友最近失聯了。訂一個分享彼此生活中究竟發生哪些事的日子。請講知心話。「星期天要不要一起吃午餐，談談最近你發生了什麼事？我想你壓力那麼大，同時要忙那麼多事，一定很不容易。」

DAY 10 接受提案

請朋友提出下次要看或聽什麼的點子，甚至提示對方，自己最近想看或聽什麼，像是喜劇、紀錄片、真實犯罪播客等。然後，考慮朋友提出的節目或電影。聯絡對方，並讓他知道你對他的推薦有何看法。接納對方的建議能讓他感覺很好。請給朋友這份禮物，讓他感覺你在乎他的建議。

DAY 11 請對方幫小忙

請朋友幫你一個不費力的小忙，也許是請他教你什麼，或帶你到某個地方去。你不妨說：「我很欣賞你保持早上健行的習慣。你能告訴我，你最喜歡哪幾條路線嗎？」或是：「我知道你最近在練習解讀塔羅牌。如果我請你吃午餐，你可以幫我算塔羅牌嗎？」

主動要求對方幫小忙，也許能使你發現朋友另一個值得欣賞的優點。你也能更了解對方的喜好，甚至能拓展這段友誼的焦點。

DAY 12 重修舊好

傳一則無害訊息給一位失聯的朋友，可能是從按摩浴缸之友變成游泳池之友的友人。語氣輕鬆一些，不要抱太大的期待。不妨說：「嘿！我最近常想到你。記得那次我們（曾做的哪件傻事或瘋狂舉動）嗎？我一想到就發笑！希望你一切都好。」那位朋友可能已不再是你的按摩浴缸之友，但你要學著欣賞這段友誼今日的樣貌。看看自己變得多成熟了！（跟我擊掌吧！）

如果你想與對方深交，當然可以建議對方：「如果你希望我們更常碰面，我隨時都可以。你還是很熱中於護膚嗎？我們可以一起去敷臉，也可以一起去健身房上課，也許這會很有趣。」

DAY 13 發洩情緒時要當心

我們很容易把朋友聽我們說心事的好意看得太理所當然。雖然發洩一下的感覺很好，但別人未必總是樂意當你的垃圾桶。沒有人想聽一大堆怨言，尤其是朋友也有自己的問題要處理。利用朋友的好意是很沒禮貌的。請當心自己的發洩可能會影響朋友。

從今天起，對好友發洩時，要先請對方同意。清楚說出此刻你需要什麼：「我只想抱怨我的老闆幾分鐘。不需要給我建議。可以嗎？」或者「你有空聽我抱怨一下客戶嗎？不急，但如果今天你撥得出五分鐘給我，拜託告訴我。」

減少不確定性，是你能給朋友的絕佳禮物。明白說出你的需求（請聽我說，但不必給我建議），能使雙方的交流更順利。

DAY 14 製造意義

在最後一天，請思考如何與某個按摩浴缸之友建立某種儀式，以推崇你們的情誼。例如：

- 慶祝友誼週年，相偕到你們最愛的餐廳吃飯。
- 今年舉行兩人的友誼感恩派對。
- 一起去聽你們最喜歡的樂團演唱會。
- 交換成對的手鐲或戒指。
- 舉行每年一次以某位演員為主的電影欣賞派對。
- 合唱卡拉ＯＫ。

做兩人喜歡的事。挪出時間來慶祝這段神奇的緣分，就是在表示你們（和你們的友誼）很重要。那種感覺很美妙！

往後，如果你感到迷失，就回頭閱讀本書的各章內容，溫習一遍友誼冷卻的常見原因。我們生活在很難維持一生友誼的世界，但這不表示我們應該放棄，只是我們要更努力一點，也要學聰明一點，以享受精彩的現代友誼。

致謝

寫一本關於友誼的書，是一段極私人的體驗，卻也令我收穫良多。首先，我想對了不起的家人表達最深的感激。他們的愛與鼓勵對我而言比什麼都重要。我姊姊莎拉・舒瓦茲（Sarah Schwartz）是出色的啦啦隊，鼓勵我踏出每一步。妹夫艾力克斯・羅弗（Alex Rolfe）大力協助本書修正，提出了許多實用評論（他也會分享上好的酒）。我妹妹瑞秋・羅弗（Rachel Rolfe）證明了「全心全意的友誼」這種範式可能發揮改變人生的龐大力量。我竟能與妹妹成為密友？我還能奢求多少好運？她花了無數時間和我討論書中的概念，並協助我明確勾勒書封設計的願景。毫無疑問，她就是我的合作夥伴。

至於孩子們，包括茱莉安娜・舒瓦茲（Julianna Schwartz）、亨利・羅弗（Henry Rolfe）、提利・羅弗（Tilly Rolfe）、伊洛絲・羅弗（Eloise Rolfe），他們合力給了我溫暖的陽光。我的使命是（希望）讓他們的世界變得更美好，成為更有益於維持友誼的地方。我母親亞琳・戈德法布（Arlene Goldfarb）是我的頭號粉絲。她在歷盡種種人生波折後重建自我的毅力與韌性，令我驚歎不已。謝謝妳相信我，媽。我父親羅伊・戈德法布（Roy Goldfarb）如果知道自己的人生是本書的靈感來源，一定會很高興。身為他的女兒，我想令他驕傲。他的過世，使我動了擴大討論現代友誼有何意義的念頭。我永遠懷念他，以及他捧腹大笑的樣子。我丈夫麥克是我寫書過程的完美伴侶。有時，我感覺他簡直就是上天為我設計的，就好像櫻桃山購物中心有一家「丈夫訂製店」，按照我的要求一針一線縫成的那樣。他是我此生的摯愛，我們與貓咪艾麗諾組成的小家庭，是我人生中最大的喜悅、最驕傲的成就。

朋友是我的靈感與動機的持久來源，感謝你們展現了友誼可以如此特別。艾麗希絲·羅森茲威格（Alexis Rosenzweig）不僅向我展現了友情的真諦，我在寫作過程中，還發現她是個有趣得令人噴飯的好旅伴！我了解到，聽她的忠告確實讓我的人生更美好。艾麗希絲，謝謝妳幫我協商合約的事，並提供了可貴的洞見。妳真的很慷慨、聰明又關懷他人。我愛妳。我也要謝謝李德·巴羅（Reed Barrow）、哈德森·巴羅（Hudson Barrow）、潘妮洛普·巴羅（Penelope Barrow）、皮皮·巴羅（Pippi Barrow）成為我心目中的家人。還要感謝珍納·黛維絲（Jenna Davis）這幾十年來的友情。世上沒有比妳更能讓我開懷大笑的人了！陷入低潮的時候，我知道妳會傳一張范海倫樂團（Van Halen）主唱鑽石大衛（Diamond Dave）的圖片為我打氣。謝謝妳，崔西·威爾遜（Tracy Wilson）。崔西是我的第一個友誼角色範本。她身邊圍繞著有趣的朋友，為人和善、溫暖、有耐心，讓朋友感覺她珍惜他們。崔西，妳對我的影響之大，再怎麼強調也不為過。我永遠感謝妳給我的諸多教誨，讓我明白如何讓朋友感覺被愛、被看見。

寫作是一種團隊活動，而我很幸運擁有最佳隊友。愛莉·沃爾皮（Allie Volpe），謝謝妳展現不可思議的友誼與愛。我敢說只要妳我聯手，再難的任務都能達成！有妳在我身邊，使我的人生產生改變，妳幫我衝破了自己的界限。妳的友誼是本書成功真正的關鍵。提姆・赫雷拉（Tim Herrera）是我共事過最優秀的編輯。由他編輯我在《紐約時報》發表的數十篇文章，造就了我職涯的高峰。他的興趣與支持，使我在各方面的生活都變得更美好。

我還要真心感謝我出色的經紀人索納莉・坎查妮（Sonali Chanchani），她的指導與充滿智慧的專業，對形塑本書的概念與文筆助益斐淺。她寶貴的提醒與貼心的建議使本書更豐富，增進了千倍的功力。

感謝使本書成真的專業人才。我的編輯黛安娜・凡提米利亞（Diana Ventimiglia）從一開始就能理解我對本書的願景。她馬上了解這類書籍的必要性，使我有如吃下了定心丸。和她共事也非常愉快。黛安娜，謝謝妳絲毫不動搖的支持與熱忱。麗黎克・達森（Lyric Dodson）的評註與意見大幅改善了草稿。設計團隊巧妙地將本書主旨轉譯為生動、發人深省的封面。對於實音公司（Sounds True）的整個出版團隊，感謝你們的辛勞與付出，讓本書化為讀者手中的實體書籍（與電子書）的夢想成真。

還要感謝大方與我分享其（有時痛苦的）經驗的所有人。他們的故事豐富了本書。謝謝各位專家、學者與心理學家分享智慧。

對於與我一同展開本書旅程的讀者，我深深感謝。他們的參與是支持我走下去的動力。

很感激在寫作過程中結下的諸多善緣：我的寫書夥伴艾倫・亨德利克森是完美的同伴。艾倫，謝謝妳的智慧與同情。我每週都會與西西・謝（Cece Xie）與梅莉莎・佩特羅（Melissa Petro）聊這本書，這使我能保持進度，也給予了我許多思考養分。妮娜・巴金，謝謝妳在播客中提出本書的友誼議題。如果我們住得近一點，一定能成為好夥伴。

我的同行——瑪莉莎・法蘭科、丹妮爾・貝亞德・傑克森、亞當・史邁利・波斯瓦斯基（Adam "Smiley" Poswolsky）、夏絲塔・妮爾森、娜塔莉・露、凱特・薇洛斯、米莉安・科梅爾（Miriam Kirmayer）——我很榮幸在這片友誼天地裡，擁有你們這些同事。讀者們，上述作者的著作與專業皆是出色的友誼資源。去探索看看吧，日後你會感謝我的！

茱莉・弗拉嘉（Juli Fraga）在本書計畫中是個溫暖的存在。我們的友誼跨越了時區！聽到她的貓奧利歐鬧出的種種糗事，為我們家帶來了持久的歡樂。

我的電影日場與擔擔麵夥伴珍・A・米勒（Jen A. Miller）也是可靠的支持來源。身為無比傑出的作家，她的評註協助了我形塑父親過世那一節。珍，我很感謝妳的協助。珍在旅途中寄來的（很多！）明信片也總是讓我會心一笑。

謝謝啟發我的所有費城創意夥伴：R・艾力克・湯瑪斯（R. Eric Thomas）、艾力克・史密斯（Eric Smith）、塔拉・傑克比（Tara Jacoby）、亞當・泰特魯斯（Adam Teterus）和吉娜・托曼恩（Gina Tomaine）。齊普・錢崔（Chip Chantry）與金姆・錢崔（Kim Chantry），謝謝你們成為我的雙對約會夥伴。麥克和我承諾要與你們分享凱薩沙拉到永遠。

最後，我要感謝多多少少影響了本書寫作的所有數不盡的不知名人士。從在地方咖啡館和我分享故事的半陌生人，到在勞雷爾峽谷（Laurel Canyon）小型家庭聚會偶然邂逅、啟發了我新點子的人，感謝你們成為這趟旅程的一分子。

對於本書提到的所有人，以及所有未提到但對我的人生具有正面影響的人，我對各位心懷感激。沒有你們的參與，本書不會成真。在個人層面上，沒有眾多友誼的力量，我是完成不了這件工作的。他們讓我的人生變得更美好。我希望在本書的協助下，人人都能體驗到真正全心全意的友誼高峰。

附註

前言

1.Daniel A. Cox, "The State of American Friendship: Change, Challenges, and Loss," The Survey Center on American Life, June 8, 2021, americansurveycenter.org/research/the-state-of-american-friendship-change-challenges-and-loss/.

2.Kumal Bhattacharya et al., "Sex differences in social focus across the life cycle in humans," *Royal Society Open Science*, vols. 3, 4 (April 6, 2016): 160097, doi:10.1098/rsos.160097.

3.NWO (Netherlands Organization for Scientific Research), "Half of Your Friends Lost in Seven Years, Social Network Study Finds," ScienceDaily, May 27, 2009, sciencedaily.com/releases/2009/05/090527111907.htm.

第 1 章　現代友誼有點瘋狂

1.Cezary Jan Strusiewicz, "Medals of Friendship: The Heartwarming Story of the 1936 Olympics," *Tokyo Weekender*, July 20, 2021.

2.William Deresiewicz, "Faux Friendship," Chronicle.com, December 6, 2020, chronicle.com/article/faux-friendship/.

3.Anna Sánchez-Juárez, "Why Is It Harder to Make Friends after 30?" Universitat Oberta de Catalunya, February 2, 2018.

4.Julianne Holt-Lunstad, Timothy B. Smith, and J. Bradley Layton, "Social Relationships and Mortality Risk: A Meta-Analytic Review," *PLoS Medicine* 7, no. 7 (July 27, 2010).

5.Daniel A. Cox, "The State of American Friendship: Change, Challenges, and Loss," The Survey Center on American Life, June 8, 2021.

6."Public Trust in Government: 1958-2022," Pew Research Center, U.S. Politics & Policy, June 6, 2022.

7.Lee Rainie, Scott Keeter, and Andrew Perrin, "Americans' Trust in Government, Each Other, Leaders," Pew Research Center, U.S. Politics & Policy, July 22, 2019.

8.Menelaos Apostolou et al., "Why friendships end: An evolutionary examination," *Evolutionary Behavioral Sciences* 16, no. 4 (2022):30-42.

9.Jeffrey A. Hall, "How Many Hours Does It Take to Make a Friend?" *Journal of Social and Personal Relationships* 36, no. 4 (March 15, 2018): 1278-96.

10.Menelaos Apostolou and Despoina Keramari, "What Prevents People from Making Friends: A Taxonomy of Reasons," *Personality and Individual Differences* 163 (September 1, 2020): 110043.

11.Apostolou and Keramari.

12.Sarah Epstein, "5 Reasons People Stay in Unhappy Friendships," *Psychology Today*, July 6, 2021.

第 2 章　關於現代友誼的六大殘酷真相

1.Don Miguel Ruiz, *The Four Agreements* (Carlsbad, CA: Hay House, Inc., 2008), 48-50.

2.John Gottman and Joan Declaire, *The Relationship Cure: A Five-Step Guide to Strengthening Your Marriage, Family, and Friendships* (New York: Three Rivers Press, 2002), 4-18.

3.Suzanne Degges-White and Marcela Kepic, "Friendships, Subjective Age, and Life Satisfaction of Women in Midlife," *Adultspan Journal* 19, no. 1 (April 2020): 39-53.

4.James K. Rilling et al., "A Neural Basis for Social Cooperation," *Neuron* 35, no. 2 (July 2002): 395-405.

5.Degges-White and Kepic, "Friendships, Subjective Age, and Life Satisfaction of Women in Midlife."

第 3 章　為何你感覺有一百個朋友，卻又像沒朋友？

1.Georg Simmel, translated by Kurt W. Wolff and Reinhard Bendix, "Conflict and the Web of Group-Affiliations," (Glencoe, Illinois: The Free Press, 1955), 195; *American Political Science Review* 49, no. 4 (December 1955): 1213.

2.Bernice A. Pescosolido and Beth A. Rubin, "The Web of Group Affiliations Revisited: Social Life, Postmodernism, and Sociology," *American Sociological Review* 65, no. 1 (February 2000): 52-76.

3.Pescosolido and Rubin, 62-63.

4.Pescosolido and Rubin, 64.

5.Pescosolido and Rubin, 64.

6.Pescosolido and Rubin, 64.

7.Daniel Cox, "The State of American Friendship: Change, Challenges, and Loss," The Survey Center on American Life, June 8, 2021.

8.Janice McCabe, "Friends with Academic Benefits,"*Contexts* 15, no. 3 (August 2016): 22–29.

9.McCabe.

10.McCabe.

11.Jeffrey A. Hall, interview by author, Philadelphia, February 14, 2023.

第 4 章　為何人們渴望友誼？

1.William Glasser, Choice Theory: *A New Psychology of Personal Freedom* (New York: Harper Perennial, 1998), 71.

2.Glasser, 25-43.

3.Menelaos Apostolou et al., "Why People Make Friends: The Nature of Friendship," *Personal Relationships* 28, no. 1 (November 18, 2020).

4.Kumal Bhattacharya et al. "Sex differences in social focus across the life cycle in humans," *Royal Society Open Science*, vols. 3, 4 (April 6, 2016): 160097, doi:10.1098/rsos.160097.

5.Daniel A. Cox, "The State of American Friendship: Change, Challenges, and Loss," The Survey Center on American Life, June 8, 2021.

6.Shasta Nelson, interview by author, Philadelphia, May 18, 2017.

7.Geoffrey L. Grief, interview by author, May 17, 2017.

8.Grief.

9.Shasta Nelson, interview by author, Philadelphia, May 18, 2017.

10.Nelson.

11.Eugene Kennedy, *On Being a Friend* (Ballantine Books, 1987), 109.

12."Clarity Is the Most Important Thing. I Can Compare Clarity..." QuoteTab, accessed August 20, 2023, quotetab.com/quote/by-diane-von-furstenberg/clarity-is-the-most-important-thing-i-can-compare-clarity-to-pruning-in-gardenin ?source=vision.

第 5 章　流動的友誼等級：澡盆、按摩浴缸和游泳池

1.Robin Dunbar, *Friends* (Little, Brown Book Group, 2021), 69-72.

第 6 章　為何我們擁有目前的朋友？

1.Daniel A. Cox, "The State of American Friendship: Change, Challenges, and Loss, " The Survey Center on American Life, June 8, 2021.

2.Suzanne Degges-White, "Friendology: The Science of Friendship," *Psychology Today*, 2018.

3.Carolyn Weisz, interview by author, Philadelphia, February 14, 2023.

第 7 章　憑直覺挑朋友，可靠嗎？

1."Intuition," *Psychology Today*, psychologytoday.com/ us/basics/intuition.

2.Galang Lufityanto, Chris Donkin, and Joel Pearson, "Measuring Intuition," *Psychological Science* 27, no. 5 (April 6, 2016): 622-34.

3.Daniel Kahneman, "Maps of Bounded Rationality: A Perpective on Intuitive Judgement and Choice," 2002, nobelprize.org/uploads/2018/06/kahnemann-lecture.pdf.

4.Socrates, Quotes.net, retrieved July 27, 2023, quotes.net/quote/932.

5.Eugene Kennedy, "Catholicism's Central Teaching: How to Be Imperfect," *National Catholic Reporter*, October 19, 2012, ncronline.org/blogs/bulletins-human-side/catholicisms-central-teaching-how-be-imperfect.

第 8 章　朋友扮演的八大角色

1.Tom Rath, *Vital Friends: The People You Can't Afford to Live Without* (Gallup Press, 2006), 35-38.

2.Rath, 37.

3."What Are Workplace Buddies Worth?" Gallup, October 12, 2006, news.gallup.com/businessjournal/24883/ what-workplace-buddies-worth.aspx.

第 9 章　為何友誼會破裂？

1."Deadly and Connecting Habits," William Glasser Institute, accessed August 19, 2023, glassermsr.com/deadly-and-connecting-habits/.

2.John Gottman and Joan Declaire, *The Relationship Cure: A Five-Step Guide to Strengthening Your Marriage, Family, and Friendships* (New York: Three Rivers Press, 2002), 264-74.

3."Deadly and Connecting Habits."

4.Sarah Epstein, "5 Reasons People Stay in Unhappy Friendships," *Psychology Today*, July 6, 2021, psychologytoday.com/ us/blog/between-the-generations/202107/5-reasons-people-stay-in-unhappy-friendships.

5.Heather Havrilesky, "Ask Polly: 'Should I Dump My Toxic Friend?' " The Cut, May 2, 2018.

第 10 章　友誼的關鍵因素：渴望、用心與愉悅

1.Marisa Franco, interview by author, Philadelphia, May 6, 2023.

第 11 章　讓朋友每次都說「好」的祕密

1.Adam Teterus, interview by author, Philadelphia, April 10, 2023.

2.Octavius A. Newman and Adam Teterus, *Comic Book Junto: #042: I Have Mutagens In My Blood*, October 6, 2016, open.spotify.com/episode/0aRiZ76fQ3YHnEkAZZNaXP.

3.Adam Teterus, interview by author, Philadelphia, April 10, 2023.

4.Robin Dunbar, *Friends* (Little, Brown Book Group, 2021), 200-206.

5.C. S. Lewis, *The Four Loves* (San Francisco: Harvest Books, 1971), 66-67.

6.Lewis, 66.

7.Dunbar, *Friends*, 203.

8.Gail Matthews, "The Impact of Commitment, Accountability, and Written Goals on Goal Achievement," Psychology Faculty Presentations, January 1, 2007, scholar.dominican.edu/psychology-faculty-conference-presentations/3.

第 12 章　主動出擊吧！

1.Christian Langkamp, *Practical Friendship* (Books on Demand, 2021).

2.Suzanne Degges-White, interview by author, Philadelphia, April 17, 2023.

3.Meik Wiking, *The Art of Making Memories: How to Create and Remember Happy Moments* (New York: William Morrow, 2019), 14-15.

4.Meik Wiking, interview by author, Philadelphia, March 22, 2023.

5.Katherine Handcock, "Pilots in Evening Gowns: When Amelia Earhart and Eleanor Roosevelt Took to the Skies," April 20, 2023, amightygirl.com/blog?p=25357.

6.Jeffrey A. Hall et al., "Quality Conversation Can Increase Daily Well- Being," *Communication Research*, January 27, 2023.

7.Danielle Bayard Jackson, interview by author, Philadelphia, February 27, 2023.

8.Ellen Hendriksen, interview by author, Philadelphia, February, 8, 2023.

第 13 章　心態靈活，讓你愈挫愈勇

1.Jenée Desmond-Harris, "Help! My Niece's Elopement Plan Is about to Tear Our Family Apart," *Slate*, August 18, 2022.

2.Suzanne Degges-White and Judy Pochel Van Tieghem, *Toxic Friendships: Knowing the Rules and Dealing with the Friends Who Break Them* (Lanham: Rowman & Littlefield, 2015), 74.

3.Kiaundra Jackson, interview by author, Philadelphia, October 5, 2022.

4.Jackson.

5.Parks Australia, "History of Uluru-Kata Tjuta National Park," 2017, parksaustralia.gov.au/uluru/ discover/history/.

6.Parks Australia, "Please Don't Climb Uluru," 2017, parksaustralia.gov.au/uluru/discover/culture/uluru-climb/.

7.Anna Codrea-Rado, "A Night in the Club, Then Early to Bed," *New York Times*, February 9, 2023.

8.Anna Codrea-Rado, "What Tweak Would Make Your Life Better?" A-Mail, February 17, 2023, annacodrearado.substack.com/p/one-small-tweak-thread.

9.M. Mahdi Roghanizad and Vanessa K. Bohns, "Ask in Person: You're Less Persuasive than You Think over Email," *Journal of Experimental Social Psychology* 69 (March 2017): 223–26.

10.Vanessa Bohns, "A Face-to-Face Request Is 34 Times More Successful Than an Email," *Harvard Business Review*, April 11, 2017.

第 15 章　我們（實際）相約見面吧！

1.E. Kross et al., "Social Rejection Shares Somatosensory Representations with Physical Pain," *Proceedings of the National Academy of Sciences* 108, no. 15 (March 28, 2011): 6270-75.

第 16 章　如何正確表達感激與支持？

1.Cleveland Clinic, "Dopamine: What It Is, Function & Symptoms," March 23, 2022.

2.Adelle X. Yang and Oleg Urminsky, "The Smile-Seeking Hypothesis: How Immediate Affective Reactions Motivate and Reward Gift Giving," *Psychological Science* 29, no. 8 (June 19, 2018): 1221-33.

第 17 章　如何展現關懷與好奇？

1.Justin Theroux, interview with Jason Bateman, Will Arnett, and Sean Hayes, *SmartLess*, June 14, 2021, podcasts.apple.com/it/podcast/smartless/id1521578868.

2.Kat Vellos, *We Should Get Together: The Secret to Cultivating Better Friendships* (Katherine Vellos, 2020), 263–84.

3.Debra Fine, *The Fine Art of Small Talk: How to Start a Conversation, Keep It Going, Build Networking Skills, and Leave a Positive Impression!* (New York: Hachette Books, 2014), 29–31.

第 18 章　馴服你內在的尤達大師

1.Michael Schaerer et al., "Advice Giving: A Subtle Pathway to Power," *Personality and Social Psychology Bulletin* 44, no. 5 (January 23, 2018): 746-61.

2.Leigh Plunkett Tost, Francesca Gino, and Richard P. Larrick, "Power, Competitiveness, and Advice Taking: Why the Powerful Don't Listen," *Organizational Behavior and Human Decision Processes* 117, no. 1 (January 2012): 53-65.

成為他人重視的朋友
——現代友誼指南：在複雜的世界中維繫最珍貴的緣分
Modern Friendship: How to Nurture Our Most Valued Connections

作　　者——安娜・戈德法布（Anna Goldfarb）
譯　　者——謝汝萱
封面設計——陳文德
內文設計——劉好音
執行編輯——洪禎璐
責任編輯——劉文駿
行銷業務——王綬晨、邱紹溢、劉文雅
行銷企劃——黃羿潔
副總編輯——張海靜
總 編 輯——王思迅
發 行 人——蘇拾平
出　　版——如果出版
發　　行——大雁出版基地
地　　址——231030 新北市新店區北新路三段 207-3 號 5 樓
電　　話——（02）8913-1005
傳　　真——（02）8913-1056
讀者傳真服務—（02）8913-1056
讀者服務 E-mail — andbooks@andbooks.com.tw
劃撥帳號 19983379
戶　　名 大雁文化事業股份有限公司
出版日期 2025 年 3 月 初版
定　　價 480 元
ISBN 978-626-7498-82-8

國家圖書館出版品預行編目資料

成為他人重視的朋友：現代友誼指南：在複雜的世界中維繫最珍貴的緣分／安娜・戈德法布（Anna Goldfarb）著；謝汝萱譯 . -- 初版 . -- 新北市：如果出版：大雁出版基地發行 , 2025.03
面；公分
譯自；Modern Friendship: How to Nurture Our Most Valued Connections
ISBN 978-626-7498-82-8（平裝）

1. 友誼 2. 人際關係 3. 生活指導

195.6　　114001899

如果